宋·蘇易簡 撰

文房四譜

中国書店

詳校官刑部員外郎臣許兆椿

臣紀昀覆勘

欽定四庫全書　　子部九

文房四譜　　譜録類 器物之屬

提要

臣等謹案文房四譜五卷宋蘇易簡撰易簡字太簡梓州銅山人太平興國五年進士官至參知政事以禮部侍郎出知鄧州移知陳州卒事蹟具宋史本傳是書凡筆譜二卷硯譜墨譜紙譜各一卷而筆格水滴附焉各述

欽定四庫全書

原委本末及其故實殿以辭賦詩文合為一書前有徐鉉序末有雍熙三年九月自序謂因閱書秘府集成此譜考歐陽詢藝文類聚每門皆前列事迹後附文章易簡蓋仿其體式然詢書兼羅衆目其專舉一器一物輯成一譜而用歐陽氏之例者則始自易簡後來硯箋蟹録皆沿用成規則謂自易簡刱法可也其搜採頗為詳博如梁元帝忠臣傳顧野

王輿地志之類雖不免於類書之中轉相鈔
録其他徵引則皆唐五代以前之舊籍足以
廣典據而資博聞當時甚重其書至藏於秘
閣亦有以矣宋史本傳但稱文房四譜與此
本同尤袤遂初堂書目作文房四寶譜又有
續文房四寶譜考洪邁歙硯説跋稱揭蘇氏
文房譜於四寶堂當由俗呼四寶因增入書
名後來病其不雅又改從其舊耳乾隆四十

九年三月恭校上

總纂官臣紀昀臣陸錫熊臣孫士毅

總校官臣陸費墀

文房四譜序

聖人之道天下之務充格上下綿亘古今究之無倪酌之不竭是以君子學然後知不足也然則士之處世名既成身既泰猶復孜孜於討論者蓋亦鮮矣昔魏武帝獨嘆於朱伯業今復見於武功蘇君矣君始以世家文行貢名春官天子臨軒考第首冠羣彥出入數載翱翔青雲綠衣朱紱光暎里閈其美至矣而其學益勤不矜老成以此為樂退食之室圖書在焉筆硯紙墨餘無長

物以爲此四者為學所資不可斯須而闕者也由是討其根源紀其故實叅以古今之變繼之賦頌之作各從其類次而譜之有條不紊既精且博士有能精此四者載籍其焉往哉愚亦好學者也覧此書而珍之故為文冠篇以示來者東海徐鉉騎省序

欽定四庫全書

文房四譜卷一

宋 蘇易簡 撰

筆譜上

一之敘事

上古結繩而理後世聖人易之以書契蓋依類象形始謂之文形聲相益故謂之字孔子曰誰能出不由户揚雄曰孰有書不由筆苟非書則天地之心形聲之發又

何由而出哉是故知筆有大功於世也

釋名曰筆述也謂述事而言之又成公綏曰筆者畢也言能畢舉萬物之形而序自然之情也又墨藪云筆者意也意到即筆到焉又吳謂之不律燕謂之弗秦謂之筆也又許慎說文云楚謂之聿聿字從聿一又聿音支涉反聿者手之捷巧也故從又從巾秦謂之筆從聿竹郭璞云蜀人謂筆為不律雖曰蒙恬製筆而周公作爾雅授成王而已云簡謂之札不律謂之筆或謂之點又

尚書中候云玄毫負圖出周公援筆以時文寫之曲禮云史載筆詩云靜女其孌貽我彤管又夫子絕筆於獲麟莊子云舐筆和墨是知古筆其來久矣又慮古之筆不論以竹以毛以木但能染墨成字即呼之為筆也昔蒙恬之作秦筆也柘木為管以鹿毛為柱羊毛為被所以蒼毫非謂兔毫竹管也見崔豹古今注秦之時併吞六國滅前代之美故蒙恬獨稱於時又史記云始皇令恬與太子扶蘇築長城恬令取中山兔毛造筆令判案也

西京雜記云漢製天子筆以錯寶為跗音夫毛皆以秋兔之毫官師路扈為之又以雜寶為匣廁以玉璧翠羽皆直百金

又漢書云尚書令僕射丞相郎官月給大筆一雙篆題云北宮工作

又傅玄云漢末一筆之柙雕以黃金飾以和璧綴以隋珠文以翡翠非文犀之楨必象齒之管豐狐之柱秋兔之翰用之者必被珠繡之衣踐雕玉之履

王子年拾遺云張華造一作進博物志成晉武賜麟角筆

此遼西國所獻也

孝經援神契云孔子制作孝經使七十二子向北辰磬折使曾子抱河洛事北向孔子簪縹筆衣絳單衣向北辰而拜

王羲之筆經云有人以緑沉漆竹管及鏤管見遺録之多年斯亦可愛玩詎必金寶雕琢然後為貴乎

崔豹古今注云令士大夫簪筆佩劒言文武之道備也

晉蔡洪赴洛中人問曰吳中舊姓何如荅曰吳府君聖朝之盛佐明時之俊乂朱永長理物之宏德清選之高望嚴仲弼九華之鳴鶴空谷之白駒顧彥先八音之琴瑟五色之龍章張伯威歲寒之茂松幽夜之逸光陸士龍鴻鵠之徘徊懸鼓之待槌此諸君以洪筆為鉏耒以紙札為良田以玄墨為稼穡以義理為豐年出劉氏小說又出語林

文士傳云成公綏口不能談而有劇問以筆荅之見其

深智

吳闞澤為人傭書以供紙筆

世說王羲之得用筆法於白雲先生先生遺之鼠鬚筆

又云鍾繇張芝皆用鼠鬚筆

魏曹公聞吳與劉先主荆州方書不覺筆墜地何晏亦同司馬宣王欲誅曹爽呼何晏作奏曰宜上卿名晏驚失筆於地

晉王珣字元林夢人以大筆如椽與之人說曰君當有大手筆後孝武哀策謚文皆珣所草又云是王東亭

漢書張安世持橐簪筆事孝武數十年以備顧問可謂忠謹矣

梁書紀少瑜字幼瑒嘗夢陸倕以一束青鏤管筆授之云我以此猶可用卿自擇其善者其文因此遂進

梁鄭灼家貧好學抄義疏以日繼夜筆毫盡必削而用之

隋劉行本累遷掌朝下大夫周代故事天子臨軒掌朝典筆硯持至御座則承御大夫取以進之及行本為掌

朝將進筆於帝承御復欲取之行本抗聲曰筆不可得帝驚視問之行本曰臣聞設官分職各有司存臣既不得佩承御刀承御亦焉能取臣筆帝曰然因令二司各行所職

柳公權為司封員外郎穆宗問曰筆何以盡善對曰用筆在心正心正則筆正上改容知其筆諫

景龍文館集云中宗令諸學士入甘露殿其北壁列書架架上有書學士等畧見新序說苑鹽鐵潛夫等論架

前有銀硯一碧鏤牙管十銀函盛紙數十種

揚子法言云孰有書不由筆言不由舌吾見天常為帝王之筆舌也

論衡曰智能之人須三寸之舌一尺之筆然後能自通也

曹襃字叔通常慕叔孫通為漢禮儀夜則沉思寢則懷鉛筆行則誦文書當其念至忽忘所之

韓詩外傳曰趙簡子有臣曰周舍立於門下三日三夜

簡子問其故對曰臣願為諤諤之臣墨筆執牘從君之後伺君過而書之

梁元帝為湘東王時好文學著書常記錄忠臣義士及文章之美者筆有三品或金銀雕飾或用班竹為管忠孝全者用金管書之德行精粹者用銀管書之文章贍逸者以班竹管書之故湘東之譽播於江表

東宮舊事皇太子初拜給漆筆四枝銅博山筆床一副

司馬相如作文把筆齧之似魚含毫

歐陽通詢之子善書瘦怯於父常自矜能書必以象牙犀角為管貍毛為心覆以秋毫松烟為墨末以麝香紙必須用緊薄白滑者乃書之蓋自重也

柳惲嘗賦詩未就以筆插琴坐客以筯和之惲驚其哀韻乃製為雅音後傳擊琴自筆插之始也

史記相如為天子遊獵之賦賦成武帝許尚書給其筆札

又漢獻帝令荀悅為漢紀三十篇詔尚書給筆札

江淹夢得五色筆由是文藻日新後有人稱郭璞取之

君子避三端其一曰文士之筆端

漢班超常為官傭書久勞苦乃投筆曰大丈夫當效傅介子張騫立功異域以取封侯焉能久事筆硯

陸雲與兄士衡書曰君苗每常見兄文思欲焚筆硯

魏明帝見殿中侍御史簪白筆側堦而立問曰此何官也辛毗對曰御史簪筆書過以記陛下不依古法者今者直備官眊筆耳

左思為三都賦門庭藩溷必置筆硯十稔方成

薛宣令人納薪以炙筆硯

又魚豢魏畧曰顏斐字文林為河東太守課人輸租車便置薪兩束為寒炙筆硯風化大行

禰衡為鸚鵡賦於黃射座上（祖之子）筆不停綴文阮瑀援筆草檄立成曹公索筆求改卒無下筆處

揚雄每天下上計孝廉會者雄即把三寸弱翰齎油素四尺以問其異語

史記西門豹爲鄴令投巫於水復投三老乃簪筆磬折向河而立以待良久

崔豹古今注云牛亨問彤管何也答曰彤赤漆耳史官載事故以赤管言以赤心記事也

曹公欲令十吏就蔡琰寫書姬曰妾聞男女禮不親授乞給紙筆一月真草維命於是繕寫送之文無遺誤

王粲才高辯論應機屬文舉筆便成鍾繇王朗各爲魏卿相至於朝廷奏議皆閣筆不敢措手

袁子正書云尚書以六百石為名珮契刀囊執版右簪筆焉

僧智永學書舊筆頭盈數石自後瘞之目為退筆塚見筆勢中

孔子世家云孔子在位聽訟文辭可以與人共者不獨有也至於修春秋筆則筆削則削子夏之徒不能贊其一辭

薛宣為陳留下至財用筆硯皆為設方畧利用必令省

貴也

王充好理實閑門潛思戶牖牆壁各置刀筆著論衡八十五篇二十餘萬言

謝承後漢書云楊璇字機平平零陵賊為荊州刺史趙凱横奏檻車徵之仍奪其筆硯乃齧臂出血以簿中白毛筆染血以書帛上具陳破賊之形勢及言為凱所誣以付子弟詣闕詔原之

王隱晉書陳壽卒洛陽令張泓遣吏賫紙筆就壽門下

寫三國志

謝莊傳云時宋世祖出行夜還勑開門莊居守曰伏須

神筆乃敢開門

王僧虔傳云齊孝武欲擅書名僧虔不敢顯跡常用掘

筆書以此見容

孔稚圭上表曰聖照玄覽斷自天筆

庾翼字幼簡侍中衣彔雅慕之贈鹿角書格蜯硯象牙

筆管

陶弘景字彦通年四五歲常以荻為筆畫灰中學書遂為善隸

范岫字懋賓濟陽考城人每居常以廉潔著稱為晉陵太守雖牙管一雙猶以為費

太公陰謀筆之書曰毫毛茂茂陷水可脫陷文不活

蔡邕與梁相復惠善墨良筆下工所無重惟天恩厚施期於終始工一作土

徐廣車服儀制曰古者貴賤皆執笏縉紳之士者縉笏

而垂紳帶也有事則書之故常簪筆今之白筆是其遺像

禮云史載筆士載言注云謂從於會同各持其職以待事也筆謂書具之屬

典畧云路粹字文蔚少學於蔡邕為丞相軍謀祭酒曹操令往狀奏孔融融誅之後人覩粹所作無不嘉其才而忌其筆

二之造

韋仲將筆墨方先於鐵梳梳兔毫及青羊毛去其穢毛訖各别用梳掌痛正毫齊鋒端各作扁極令勻調平好用衣青羊毫羊毫去兔毫頭下二分許然後合扁卷令極固痛頡訖以所正青羊毫中截用衣筆中心名為筆柱或曰墨池承墨復用青毫外如作柱法使心齊亦使平均痛頡內管中心寧小不宜大此筆之要

王羲之筆經曰廣志會獻云諸郡獻兔毫出鴻都門惟有趙國毫中用世人咸云兔毫無優劣筆手有巧拙意

謂趙國平原廣澤無襍草木惟有細艸是以兔肥肥則毫長而銳此則良筆也凡作筆須用秋兔秋兔者仲秋取毫也所以然者孟秋去夏近其毫焦而嫩季秋去冬近則其毫脆而禿惟八月寒暑調和毫乃中用其夾脊上有兩行毛此毫尤佳其脇際扶踈乃其次耳採毫竟以紙裹石灰汁微火上煮令薄沸所以去其膩也先用人髮杪數十莖雜青羊毛并兔毳凡兔毛長而勁者曰毫短而弱者曰毳裁令齊平以麻紙裹柱根令治用以麻紙者欲其體實得水不脹次取

上毫薄薄布柱上令柱不見然後安之惟須精擇去其倒毛毛抄合鋒令長九分管修二握須圓正方可後世人或為削管故筆輕重不同所以筆多偏掘者以一邊偏重故也自不留心加意無以詳其至此筆成合蒸之令熟三斗米餌須以繩穿管懸之水器上一宿然後可用世傳鍾繇張芝皆用鼠鬚筆鋒端勁强有鋒鋩余未之信夫秋兔為用從心任手鼠鬚甚難得且為用未必能佳蓋好事者之說耳昔人或以琉璃象牙為筆管麗

飾則有之然筆須輕便重則躓矣近有人以緑沉漆管及鏤管見遺録之多年斯亦可愛玩詎必金寶雕琢然後為貴也余嘗自為筆甚可用謝安石庾稚恭每就我求之靳而不與

博物志云有獸緑木文似豹名虎僕毛可以取為筆嶺外尤少兔人多以雞雉毛作筆亦妙故嶺外人書札多體弱然其筆亦利其餘至水乾墨隙之後鬖然如薑焉所以嶺表記云嶺外既無兔有郡牧得兔毫令匠人作

之匠者醉因失之惶懼乃以己鬚製上甚善誥之工以實對郡牧乃令一户必輸人鬚或不能逮輙責其直宣城之筆雖管答至妙而佳者亦少大約供進或達寮為之則稍工又或以鹿之細毛為之者故晉王隱筆銘云豈其作筆必兔之毫調利難禿亦有鹿毛蓋江表亦少兔也往往商賈齎其皮南渡以取利令江南民間使者則皆以山羊毛焉蜀中亦有用羊毛筆者往往亦不下兔毫也

今有以金銀為泥書佛道書者其筆毫纔可數百莖濡金泥之後則鋒重澁而有力也

淮南王萬筆術曰取桐燭與栢木及蠟俱內甯中百日以為筆畫酒自分矣

三之筆勢 能書附

老子曰鑿戶牖以為室當其無有室之用夫四譜之作其用者在於書而已矣故筆勢一篇附之

真誥曰三皇之世演八會之文為龍鳳之章雲篆之跡

以為頒形梵書分破二道壞真從易配別分支乃為六十四種之書又真誥曰三君手跡楊君書最工不今不古能大能細大較雖效郄愔筆法力兼二王而名不顯者當以他微兼為二王所抑隸書學楊而字體勁利

又云八會書文章之祖也夫書通用墨者何蓋文章屬陰自陰顯於陽也

又云神僊之書乃靈筆真手也

時人咸云兔毫無優劣筆手有巧拙

今之飛白書者多以竹筆尤不佳宜用相思樹皮棼其末而漆其柄可隨字大小作五七枚妙往往一筆書一字滿一八尺屏風者

墨藪云王逸少筆勢圖無取崇山絶仞中兔毛八九月收之取其筆頭長一寸管長五寸鋒齊腰強者妙今之小學者言筆有四句訣云心柱硬覆毛薄尖似錐齊似鑿

歐陽通自重其書必以象牙犀角為管貍毛為心覆以

秋毫見叙事中

秦蒙恬為筆以狐狸為心兔毛為副見博物志

蜀中出石鼠毛可以為筆其名鼫

李陽冰筆法訣云夫筆大小硬軟長短或紙絹心散卓等即各從人所好用作之法匠須良哲物料精詳入墨之時則毫副諸毛勿令斜曲每因用了則洗濯收藏惟已自持勿傳他手至於時展其書興來不過百字更有執捉之勢用筆緊漫即出於當人理無難定矣

王羲之筆勢論云凡欲書時先乾研墨安着水中研墨須調不得生用生用則浸漬慢澁點筆之法只可豆許大濕不宜大點橫畫之法不得緩緩即不緊豎牽之法不得急宜卓把筆令筆頭先行筆管須卓豎傍則曲也輕健妙真書之法也艸行之法即任意也

又云初學書時不得盡其形勢先想成字意在筆前一遍正其手脚二遍須得形勢三遍須少似本四遍加其遵潤五遍加其拽拔須俟筆滑不得計其遍數又云手

穩為本分間布白上下齊平得其體勢大者促之令小小者放之令大自然寬狹得所不失其儀又書法云點之法如大石當衢或如蹲鴟或如瓜子或如科斗落手之法峩峩若長松之倚溪立人之法如鳥存柱上又云一點失如美人之無一目一畫失如壯士之無一肱

吳沈友少好學時人以友有三妙一舌妙二力妙三筆妙

趙壹非艸書曰十日一筆月數九墨領袖如皂唇齒皆黑也

王羲之與謝安書曰復與君此真草所得極為不少而筆至惡殊不稱意

蔡伯喈入嵩山學書於石室內得素書八角垂芒頗欲似篆伯喈得之不食三日惟大叫歡喜

鍾繇見蔡邕筆法於韋誕自搥三日胷盡青因嘔血魏太祖以五靈丹救之得活繇求之不與及誕死繇令人

盜掘其墓而得之故知多力豐筋者聖無力無筋者病
其後消息而用之由是更妙臨死啓囊授其子會繇能
三色書然其最妙者八分
筆陣圖云夫紙者陣也筆者刀矟也墨者鍪甲也水硯
者城池也心意者將軍也本領者副將也結構者謀略
也颺筆之次吉凶之兆也出入者號令也屈折者殺戮
也
右軍云弱紙强筆强紙弱筆强者弱之弱者强之

又云草書欲緩前急後漸至訣也

又云古謂之填書今之勤字也

墨藪云凡書多肉微骨者謂之墨猪

又云凡筆乃文翰之將軍也直宜持重

又云凡書必使心忘於筆手忘於書心手遺情書不忘

想要在求之不得考之即彰

王逸少先少學於衛夫人自謂大能又渡江北遊名山

見李斯曹喜書又之許見鍾繇梁鵠書又重之又入洛

見蔡邕石經張昶華嶽碑始知學衛夫人書徒費年月耳遂兼衆家習之特妙

衛夫人見王羲之書語太常王策曰此兒必見用筆訣也妾近見其書有老成之智因流涕曰子必蔽吾書名晉安帝時北郊祭文命更寫之工人削之羲之筆已入七分

虞世南筆髓云夫書須手腕輕虛夫未解書日則一點一畫皆求像本也乃自取拙見豈是書耶太緩則無筋太急則無骨側管則鈍慢則肉多豎筆則鋒直乾枯則

勢露宜麁而不銳細而不壯長者不為有餘短者不為不足

又云夫筆長短不過五六寸搦管不過三寸真一行二草三宜指實掌虛

王方慶於太宗時上其十一代祖導十代祖洽九代祖珣八代祖曇七代祖僧綽六代祖仲寶五代祖騫高祖規曾祖褒九代三從伯祖晉中書令獻之已下書共十卷上令中書舍人崔融為寶章集叙其事以賜舉朝為

縈
貞觀六年正月八日令整理御府古今法書鍾王等真跡得一千五百一十卷

漢元始中徵天下小學

張融善草書自善其能帝曰卿殊有骨力但恨無二王之法答曰臣亦恨二王無臣之法

漢武帝論蕭子雲書曰筆力駿勁心手相應巧踰杜恕美過崔寔當與元帝爭驅並先其相賞如此

齊高帝為方伯居處甚貧諸子學書嘗少紙筆武陵王曅嘗以指畫空中及畫掌學字遂工書法

夫握筆名指一指在上為單鈎雙指為雙鈎指聚為撮筆皆學書之因習也偽蜀士人馮偘能書得二王之法然而以二指搯筆管而書每故筆必二分跡可深二三分斯書札之異者也

漢谷永字子雲與婁護字君卿俱為五侯上客人號曰谷子雲筆婁君卿脣舌

晉王獻之字子敬方學書父羲之嘗從後掣其筆不得乃歎曰此兒當有大名後果能以篙帚泥書作大字方一丈甚為佳妙觀者如堵筆札之妙時稱二王

僧智永於樓上學書有禿筆頭十甕每甕數石人求題頭門限穿穴乃以鐵葉裹之謂之鐵門限後取筆頭瘞之號退筆塚自製銘志

李陽冰云點不變謂之布棊畫不變謂之布筭方不變謂之斗圓不變謂之環

張伯英好書凡家之衣帛皆書而後練

晉書王逸少書字若金帖墨中炳然可愛

張昶字文舒伯英季弟也章艸入神八分入妙隸書入能

劉德升字君嗣能書胡昭鍾繇俱善書胡書體肥鍾書體瘦亦各有君嗣之美

王羲之嚝之子早於其父枕中竊讀筆說父恐其幼不與乃拜泣而請之

王僧虔博涉經史兼善草隸齊太祖謂虔曰我書何如卿虔曰臣正書第一草書第二陛下正書第二草書第三臣無第三陛下無第一上笑曰卿善爲辭也然天下有道丘不與易又高祖嘗與僧虔賭書畢帝曰誰爲第一虔曰臣書臣中第一陛下帝中第一帝笑曰卿可謂善自謀者也

歐陽詢書不擇紙筆皆能如意褚遂良須手和墨調精紙良筆方書

張旭得筆法傳於崔邈顔真卿自言始吾觀公主擔夫爭路而得筆法之意後見公孫氏舞劍得其神飲醉輒書揮筆大叫以頭搵水墨中呼為張顛醒後自觀以為神異不可復得也

長沙僧懷素好艸書自言得草書三昧

魏明帝起凌雲臺先釘牓未題之乃以籠盛韋誕轆轤引上書之去地二十五丈誕甚危懼及下鬚髪盡白乃誡子孫絶此楷法

天下名書有荀輿貍骨藥方帖王右軍借船帖右軍嘗
醉書數字點畫象龍爪後遂有龍爪書
宋太祖問顏延之諸子誰有卿風延之曰竣得臣筆測
得臣文㚟得臣義躍得臣酒
蕭隸貧無紙止畫塵以學書
羲之永和九年製蘭亭序乘興而書用蠶繭紙鼠鬚筆
遒媚勁健絕代更無太宗後於玉華宫大漸語高宗曰
若得蘭亭序陪葬即終無恨矣高宗涕泣而從之

世傳宣州陳氏世能作筆家傳右軍與其祖求筆帖後子孫尤能作筆至唐柳公權求筆於宣城先與二管語其子曰柳學士如能書當留此筆不爾如退遺即可以常筆與之未幾柳以為不入用別求遂與常筆陳云先與者二筆非右軍不能用柳信與之遠矣

孫敬事每至孝每得甘鮮必奔走奉每每畫地書真艸皆知也

衛恒每書大字於酒肆令人觀之納直以償酒價直足

則掃去之

唐太宗筆法云攻書之時當收視聽絶慮怡神心正氣和則契於玄妙心神不正字則欹斜志氣不和字則顛仆如魯廟之器也又云為點必收貴緊而重為畫必勒貴澁而遲為擎必掠貴險而勁為竪必努貴戰而雄為戈必潤貴遲疑而右顧為環必郁貴蹙鋒而總轉為波必磔貴三折而遣毫

前蜀王氏朝偽相王鍇字鱣祥家藏書數千卷一一皆

親札并寫藏經每趨朝於白藤擔子内寫書書法尤謹

近代書字之淫者也

四之雜説

在昔受爵者必置責於草詔者謂之潤筆鄭譯隋文時

自隆州刺史復國公爵令李德林作詔高祖戲之曰筆

頭乾譯對曰出為方牧杖策而歸不得一錢何以潤筆

帝大笑

梁簡文為筆語十卷今書莫得見

幽明録賈弼夢人求易其頭明朝不覺人見悉驚走弼自陳乃信後能半面笑半面啼兩手兩足并口齊奮五筆書成文辭各異

齊高洋夢人以筆點其額王曇哲賀曰王當作主吴孫權夢亦同熊循解之

梁紀少瑜嘗夢陸倕以一束青鏤管筆授之後文章大進（見叙事中）

搜神記曰王祐病有鬼至其家留赤筆十餘束於薦下

曰可使人簪之出入辟惡舉事皆無恙又與上類王甲李乙凡與書皆無恙

酉陽雜俎云大歷中東都天津橋有乞兒無兩手以右足夾筆寫經乞錢欲書時先擲筆高尺餘以足接之曾無失落書跡尤楷

石晉之末汝州有一高士不顯姓名每夜作筆十管付其室家至曉闔戶而出面背街鑿壁貫以竹筒如引水者或人置三十錢則一管躍出十筆告盡雖勢要官府

詧之亦無報也其人則携一榼吟嘯於道宫佛廟酒肆中至夜酣暢而歸其匹婦亦怡然自得復爲十管來晨貨之如此三十載後或携室徙居杳不知所終後數十年復見者顔色如故時人謂之筆僊

魏末傳曰夏侯太初見召還路絶人道不畜筆其謹慎如此

今之筆故者往往尋不見或會府吏千百輩用筆至多亦不知所之或云鬼取之判冥

昔有僧惠遠製涅槃經疏訖呪其筆曰如合聖意此筆不墜乃擲於空中卓然不落唐越州法師神楷造維摩經疏亦然後迎入長安

酉陽雜俎云長安宣平坊有賣油而至賤人久疑之逐入樹窟乃蝦蟆以筆答簪盛樹津以市於人發掘而出尚挾答瞪目氣色自若今都會間有運大筆如椽者寫小字小如半麻粒許瞬息而就或於稻粒之上寫七言詩一絕分間布白歷歷可愛

闕史云術士如得一故筆可令於都市中代其受刑術者即解化而去謂之筆解

本草云筆頭灰多年者燒之水服可以療溺塞之病

列仙傳云李仲甫潁川人漢桓帝時賣筆遼東市上一筆三錢無直亦與之明旦又成筆數十束如此三年得錢輒棄之道中

魏王思為大司農性急常執筆作書蠅集筆端驅去復來思怒逐蠅不得還乃取筆擲地毀之又蠅集符堅筆

以傳赦堅與王祐符融密議於靈臺有大蒼蠅入自牖間鳴聲甚大集筆而去於市中為黑衣小人大呼曰官今大赦

御史臺記云臺中尚揖揖者古之肅拜也故有臺揖筆每署事必舉筆當額有不能下筆者人號為高揖筆往往自臺拜他官執筆亦誤作臺揖者人皆笑之

德宗在奉天興渾瑊無名官告千餘軸募敢死之士賜瑊御筆一管當戰勝量功伐即署其名授之不足即以筆書其紳

唐相裴休早肄業於河内之太行山後登顯位建寺於彼目為化城寺旋授太原節鎮經由是寺寺之僧粉額陳筆硯俟裴公親題之裴公神情自若以衣袖濡墨以書之尤甚遒健逮歸侍婢詠其霑渥裴公曰向以之代筆來

王子年拾遺記云任末年十四學無常師或依林木之下編茅為菴削荊為筆刻樹汁以為書夜則映月望星暗則燃蒿自照

劉峻與沈約范雲同奉梁武策錦被事咸言已罄而峻請紙筆更疏十事在座皆驚視失色

晉陸士龍云魏武帝劉婕妤以七月七日折琉璃筆管此其時也出時照新書

會稽典録云盛吉字君達拜廷尉每冬月罪囚當斷其妻執燭吉持丹筆相向垂涕

晉春秋云何琦少孤常以縛筆織扇為業善為智詐由是知名

王隱始著國史成八十八卷屬免官居家家貧匱筆札未能就遂南遊陶侃又還江州投庾元規規乃給以筆札其書遂成

天台百錄云西天龍猛尊者常用藥筆點山石為金寶濟施千人

唐法師楚金刺血寫法華經筆端常有舍利

古者吏道必事刀筆令亦有藏刀於管者蓋其遺製者也

段成式以葫蘆為筆以贈溫飛卿（書在詞賦門）

柳公權不能用義之筆（見筆勢中）

今之職官斷大辟罪者署案訖必尋毀其筆蓋彰其惻隱也醫工常取之燒灰治驚風及童子邪氣

謝承後漢書云劉祐為郡主簿郡將之子出錢付之令買果實祐悉買筆墨書具以與之

魏管輅往見安平太守王基基令作卦輅曰床上當有大蛇銜筆小大共視須臾失之果然

諸葛恪父瑾長面似驢孫權大會羣臣使人牽一驢至檢其面題曰諸葛子瑜恪跪乞筆益兩字因聽與之恪續其下曰之驢舉坐大笑乃以驢賜之

趙伯符為丹陽郡極嚴酷典筆吏取筆失旨頓與五十鞭

羅什撰譯伯肇執筆定諸詞義學者宗之

魏略張既為郡小吏而家富自念無自達乃畜好刀筆版奏伺諸大吏無者輒奉之

吳孫權常夢北面頓首於文帝顧而見日俄而日變為三日忽見一人從前以筆點其額流血於前懼而走之狀似飛者復墜於地覺以問術士熊循循曰吉祥矣大王必為吳主王者人之首額者人之上王加點主字也在前而來王者之羣臣也雖王意未至而羣下自逼矣血流在前教令明白當從王出也權乃詢之大臣遂絶於魏

太熙中童謡曰二月盡三月初桑生[illegible]磥柳葉舒荊笔

楊板行詔書後王瑋殺汝南王亮帝以白虎幡宣詔收王瑋誅之瑋手握青紙謂監刑者曰此詔書也蓋此應之

宋雲行記云以魏神龜中至烏萇國又西至本釋迦往自作國名磨休王有天帝化為婆羅門形語王曰我甚知聖法須打骨作筆剥皮為紙取髓為墨王即依其言遣善書者抄之遂成大乘經典今打骨處化為琉璃桐

燭筆分酒見造門

夢書云梦筆研為縣官文書所連也
又云夢得筆研憂縣官又云磨硯染筆詞訟陳也
古詩云有客從南來遺我一把筆
國語云智襄子為室美士茁懼曰臣秉筆事君記曰高
山浚源不生草木松柏之土其土不肥令土木勝臣懼
不安人也室成三年而智氏亡
莊子曰宋元君將畫圖衆史皆至受揖而立舐筆和墨
在外者半

東觀漢記永平年神爵集宮殿官府上假賈逵筆札令作神爵頌除蘭臺令史遷郎中

晉書赫連勃勃謂隱士京兆韋祖思曰我今未死汝猶不以我為帝王吾死之後汝輩弄筆當置吾何地遂殺之

賀循傳陳敏之亂詐稱詔書以循為丹陽内史循辭以脚疾手不制筆又服寒食散露髮袒身示不可用敏竟不敢逼

劉穆之傳宋高祖素拙於書穆之曰此雖小事然宣被四遠願公小復留意高祖終不能以稟分有自穆之乃曰公但縱筆大字徑尺亦無嫌大既足有所包且其名亦美高祖從之一紙不過六七字便滿

宋世祖歡飲令羣臣各賦詩沈慶之手不知書眼不識字上逼令作書慶之曰臣不知書請口授上令顏師伯執筆慶之曰微生值多幸得逢聖運昌朽老筋力盡徒步還南岡辭榮此聖世何愧張子房上甚悦衆美其辭

意

齊虞玩之小閑刀筆汎涉文史

後魏世宗常勅廷尉游肇有所降恕肇不從曰陛下自能恕之豈能令臣曲筆

稽含筆銘曰採管龍種拔毫秋兔

陸雲與兄機書曰案視曹公器物筆枚所希聞黃初二年劉婕妤折之見此復使人悵然又有感處筆亦如吳筆又有琉璃筆一枚

王允將誅蔡邕馬日磾曰伯喈曠世逸才多識漢事當續後漢為世大典允曰武帝不殺司馬遷使作謗書流於後世今不可使佞臣執筆在幼主左右無益聖德我黨復蒙訕謗

後漢來歙伐公孫述為刺客傷腰召蓋延以屬軍事自書遺表訖投筆抽刃而絕光武省書攬涕

後漢周磐字堅伯年七十三朝會集論終日因令二子曰吾日者夢見先師東里先生與我講於陰堂之奥豈

吾齒之盡乎若命終編二尺四寸簡寫堯典一篇并刀筆各一以置棺前

搜神記蓋州有神祠自稱黃石公祈者持一雙筆及紙墨投於石室中言吉凶有聲而無形

石晉朝丞相趙瑩布衣時常以窮通之分禱於華岳廟是夜夢神遺以一筆二劍始猶未寤既而一践廊廟再擁節旄

近朝丞相馬裔孫幼干祿祈於上邏神夢與二筆一大

一小後為翰林學士及知貢舉自謂應之大拜之日堂吏進二筆大小與夢相符

石晉之相和凝少為明經夢人與五色筆一束自是文彩日新擢進士第三公九卿無所不歷

欽定四庫全書

文房四譜卷二

筆譜下

宋 蘇易簡 撰

五之辭賦

蔡邕筆賦

序曰昔蒼頡創業翰墨作用書契興焉夫制作上聖則

憲者莫先乎筆詳原其所由究察其成功鑠乎煥乎弗

可尚矣賦曰

惟其翰之所生生於季冬之狡兔性精亟以慓悍體遒迅而騁步削文竹以為管加漆絲之纏束形調摶以直端染玄墨以定色畫乾坤之陰陽讚宓羲之洪勛盡五帝之休德揚蕩蕩之明文紀三王之功伐兮表八百之肆覲傳六經而綴百氏兮建皇極而序彝倫綜人倫於晻昧兮讚幽冥於明神象類多喻靡施不協上剛下柔乾坤位也新故代謝四時次也圓和正直規矩極也玄

首黄管天地色也

晉傅玄筆賦

簡修毫之奇兔選珍皮之上翰濯之以清水芬之以幽蘭嘉竹挺翠彤管含丹於是班匠竭巧良工逞術纏以素臬納以玄漆豐約得中不文不質爾乃染芳松之淳烟兮寫文象於紈素動應手而從心兮煥光流而星布柔不絲屈剛不玉折鋒鍔淋漓芒跱鍼列

傅玄筆銘

韡韡彤管冉冉輕翰正色玄墨銘心寫言光讚天人深
厲末然君子世之無攻異端

傅玄鷹兔賦

兔謂鷹曰汝害於物吾益於世華髦被體彤管以制蒼
頡創業以興契書仲尼賴之定此文藝擬則天地圓盡
萬方經理羣品宣綜陰陽內敷七政班序明堂道運玄
昧非筆不光三皇德孔非筆不章

梁簡文詠筆格詩

英華表玉笈佳麗稱珠網無如玆制奇雕飾襍衆象仰
出寫含花横挿學仙掌幸因提拾用遂廁旋臺賞

梁徐摛詠筆詩

本自靈山出名因瑞草傳纖端奉積潤弱質散芳烟直
寫飛蓬牒横承落絮篇一逢掌握重寧憶仲升捐

晉郭璞筆讚

上古結繩易以書契經緯天地錯綜羣藝日用不知功
蓋萬世

後漢李尤筆銘

筆之強志庶事分别七術雖衆無可解説口無擇言駟不及舌筆之過誤愆尤不滅

梁庾肩吾謝賚銅硯筆格啓

烟磨青石以踐孔氏之壇管插銅龍還笑玉生之壁西域神人用織成之縧簟游仙童子隱芙蓉之行陣莫不盡出梁園來頒狹室

嵇含試筆賦序

騁韓盧逐狡兔日未移晷一縱雙獲季秋之月毫鋒甚偉遂刋懸崖之竹而為筆因而為賦

貫耽虞書歌

衆書之中虞書巧體法自然歸大道不同懷素只攻顛豈類張芝惟札草形勢素肌骨老父子君臣相揖抱孤青似竹更颼飀潤白如波長漂渺能方正不隳倒功夫未至難尋奥須知孔子廟堂碑便是青緗中至寶

成公綏字子安棄故筆賦

序曰治世之功莫尚於筆筆者畢也能畢舉萬物之形序自然之情也力未盡而棄之糞掃有似古賢之不遇於是收取洗而棄之用其力而殘其身焉

有蒼頡之奇生列四目而兼明慕羲氏之畫卦載萬物於五行乃發慮於書契採秋毫之頴芒加膠漆之綢繆結三束而五重建犀角之玄管屬象齒於纖鋒（荅也）染青松之微烟著不泯之永蹤則象神仙人皇九頭式範羣生異體怪軀注玉度於七經訓河洛之讖緯書日月之

所躔别列宿之舍次乃皆是筆之勛人日用而不寤迄盡力於萬鈞卒見棄於衢路

唐張碧荅張郎中分寄翰林貢餘筆歌

圓金五寸輕錯刀天人摘落霜兔毛我之宗兄掌文檄翰林分與神仙毫東風吹柳作金線狂湧辟波力生健此時捧得江文通五色光從掌中見江龍角嫩無精彩晝日揮空射烟靄誰能邀得懷素來晴明書破琉璃海揚雄得之甘泉賦胸中白鳳無因飛他年擬把補造化

穿江入海剜天涯昨宵夢見歐率更先來醉我黃金舩手擘琵琶三十斗博歸天上書黃庭夢中擺手不相許悵望空剩碧雲去

梁吳均筆格賦

幽山之桂樹恒縈風而抱霧葉委鬱而陸離根縱橫而盤互爾其負霜含液枝翠心赤翦其巨條為此筆格趺則岊岊方爽似華山之孤生上則員員峻逸若九疑之爭出長對坐以銜烟永臨窻而儲筆

梁元帝謝宣賜白牙鏤管筆啓

春坊漆管曲降深恩北宮象牙猥蒙霑逮雕鐫精巧似遼東之仙物寫圖奇麗笑蜀郡之儒生故知嵇賦非工王銘未善昔伯喈致贈才屬友人葛龔所酬止聞通識豈若遠降鴻慈曲覃庸陋方覺琉璃無當隨珠過侈但有羨卜商無因則削徒懷曹植恒願執鞭

白樂天雞距筆賦

足之健者有雞足毛之勁者有兔毛就足之中奮發者

利距在毛之內秀出者長毫合為手筆正得其要象彼
足距曲盡其妙圓而直始造意於蒙恬利而銛終騁能
於逸少斯則創因智士製在良工捩毫為鋒纖竹為筒
視其端若武安君之頭小窺其管如元玄氏之心空豈
不以中山之明視勁而迅汝陰之翰音勇而雄一毛不
成採衆毫於三穴之內四者可棄取銳武於五德之中
雙美是合兩揆相同故不得兔毛無以成起草之用不
名雞距無以表入木之功及夫親手澤隨指顧秉以律

動以麁染松煙之黑灑鵞毛之素莫不畫為屈鐵點成垂露若用之戰陣則摧敵而先鳴若用之草聖則擅場而獨步察所以稽其故雖云任物以用長亦在假名而善喻向使但隨物棄不與人遇則距畜縮於晨雞毫摧残於寒兔安得取與於彼移用在兹映赤管狀紺趾乍舉對紅箋疑錦臆初披輟翰停毫既象乎翹足就棲之夕揮芒拂鋭又似乎奮拳引鬬之時苟名實之副者信動静而似之其用不困其美無儔因草為號者質陋折蒲

而書者體柔彼皆瑣細此實殊尤是以擲之而變成金距書之而化出銀鉤夫然而董狐操可以勸為良史宣尼握可以削定春秋夫其不象雞之羽者鄙其輕薄不取雞之冠者惡其柔弱斯距也如劍如戟可繫可搏將為我之毫芒必假爾之鋒鍔遂使見之者書狂發秉之者筆力作挫萬物而人文成草八行而鳥跡落縹囊盛處類藏錐之沉潛團扇忽書同舞鏡之揮霍儒有學書臨水負笈辭山含毫既至握管未還過兔園而易感望

雞樹以難攀願爭雄於爪距之下冀得儁於筆硯之間

竇紃五色筆賦

物有瓌奇文抽藻思含五采而可寶煥六書而增媚豈不以潤色形容昭宣夢寐漬毫端之一句潛合水章施墨妙於八行究成錦字言念伊人光輝發身拳然手受灼若迷真戴帛鶩纈文漸出臨池訝蓮綵長新效用辭林驚宿鳥之丹羽呈功學海間游魚之彩鱗所以成盡識之規得和光之道輕肆力於垂露覩流精於起草俾

題橋之處轉稱書虹當進牘之時尤宜奮藻掌握攸重文章可驚糅松煙以霞駮摻竹簡而淚凝倘使書紳黼黻之容斯美如令畫像丹青之妙足徵卓爾無雙班然不一摛握彩以冥契刷孤峯而秀出紛色絲兮宜映練囊暈科斗兮似開緗帙動人文之際懷豹變於良宵呈烏跡之前想烏凝於瑞日當其色授之初念忘形而獲諸魂交之次驚亂目之相於將發揮於拳石幾遷染於尺書秉翰苑之間媚花陰而蔚矣耕情田之上臨玉德

以温如是知潛應丹誠暗彰吉夢嘉不亂之如削意相宣而載弄混青蠅之點取類華蟲迷皓鶴之書思齊彩鳳故可以彰施薤葉點綴桃花舒彩牋而增麗耀彤管而孔嘉彼雕翠羽而示功鏤文犀而窮奢曾不如披藻翰而發光華

僧貫休詠筆詩

莫訝書紳苦功成在一毫自從蒙管束便覺用心勞手點時難棄身閒架亦高何妨成五色永願助風騷

白樂天紫毫筆樂府詩

紫毫筆尖如錐兮利如刀江南石上有老兎喫竹飲泉生紫毫宣城工人採為筆千萬毛中揀一毫毫雖輕功甚重管勒工名稱歲貢君兮臣兮勿輕用勿輕用將何如願賜東西府御史願頒左右臺起居搦管趨入黃金殿袖毫立在白玉除臣有奸邪正衙奏君有動言直筆書起居郎侍御史爾知紫毫不易置每歲宣城進筆時紫毫之價如金貴慎勿空將彈失儀慎勿空將錄制詞

韋充筆賦

筆之健者用有所長惟茲載事或表含章雖發跡於衆毫誠難穎脫苟容身於一管豈是鋒鋩進必顧言退惟處默隨所動以授彩寓孤貞而保直修辭立句曾無點畫之虧游藝依仁空負詩書之力恐無成而見擲常自悚以研精擇才而丹青不間應用而工拙偕行所以盡心於學者常巧於人情惟首出筒中長憂鋒銳及文成紙上或冀知名以提挈不難發揮有自縱八體之俱寫

亦一毛而不墜何當入夢終期暗以相親倘用臨池詎欲辭於歷試今也文章具舉翰墨皆陳秋毫以削寶匣以新但使元禮之門不將點額則知子張之手永用書紳夫如是則止有所托有因然後録名之際希數字於伊人

衛公李德裕斑竹筆管賦

余寓居於郊外精舍有湘中太守贈以斑竹管奇彩燦爛愛玩不足因為小賦以報之

山含杳兮瀟湘曲水潺湲兮出幽谷緣層嶺兮茂奇篠
爽澄瀾兮聳修竹鷓鴣起兮鈎輈白猿悲兮斷續實璀
璨兮來鳳根聯延兮倚鹿往者二妃不從獨處茲岑望
蒼梧兮日遠憂瑶瑟兮怨深灑思淚兮珠已盡染翠莖
兮苔更侵何精誠之感物遂散漫於幽林爰有良牧採
之岩趾表貞節於苦寒見虛心於君子始摻截以成管
因天姿而具美疑貝錦之濯波似餘霞之散綺自我放
逐塊然岩中泰初憂而絕筆殷浩默以書空忽有客以

贈鯉因起予以雕蟲念楚人之所賦實周初之變風昔漢代方侈增其炳煥綴明璣以為柙飾文犀以為玩見傅玄徒有貴於繁華竟何資於藻翰曾不知擇美於江潭訪奇於湘岸況乃彤管有煒列於詩人周得之而操牘張得之而書紳惟茲物之日用與造化而齊均方寶此以終老永躬耕乎典墳

韓愈毛穎傳

毛穎者中山人也其先明眎佐禹理東方土養萬物有

功因封於卯地死為十二神嘗曰吾子孫神明之後不可與物同當吐而生已而果然明眎八世孫䨲世傳當殷之時居中山得神仙之術能匿光使物竊姮娥騎蟾蜍入月其後代遂隱不仕云居東郭者號曰東郭毚狡而善走與韓盧爭能盧不及盧怒與宋鵲謀而殺之醢其家秦始皇時使蒙將軍恬南伐楚次中山將大獵以懼楚召左右庶長與軍尉以連山筮之得天與人文之兆筮者賀曰今日之獲不角不牙衣褐之徒缺口而長鬚

八竅而趺居獨取其髦簡牘是資天下同其書秦其遂兼諸侯乎遂獵圍毛氏之族拔其豪載穎而歸獻俘於章臺宮聚其族而加束縛焉秦皇帝使恬賜之湯沐而封之管城號管城子日見親寵任事穎為人强記而便敏自結繩之代以及秦氏事無不纂録陰陽卜筮占相醫方族氏山經地志字書圖畫九流百家天人之書及至浮圖老子外國之說皆所詳悉又通當代之務官府簿書市井貨錢注記惟上所使自秦始皇帝及太子扶

蘇胡亥丞相李斯中軍府令高下及國人無不愛重又
善隨人意正直邪曲巧拙一隨其人雖後見廢棄終默
而不洩惟不喜武士然見請亦時往累拜中書令與上
益狎上嘗呼為中書君上親決事以衡石自程雖宮人
不得立左右獨穎與執燭者常侍上休方罷穎與絳人
陳玄弘農陶泓及會稽褚先生友善相推置其出處必
偕上召穎三人者不待詔輒俱往上未嘗怪焉後因進
見上將有任使拂拭之因免冠謝上見其髮禿又所摹

畫不能稱上意上嘻笑曰中書君老而禿不任吾用吾嘗謂君中書君今不中書耶對曰臣所謂盡心者因不復召歸封邑終於管城其子孫甚多散處中國夷狄皆冒管城惟居中山者能繼父祖業

太史公曰毛氏有兩族其一姬姓文王之子封於毛所謂魯衛毛聃者也戰國時有毛公毛遂獨中山之族不知其本所出子孫最為蕃昌春秋之成見絶於孔子而非其罪及蒙將軍拔中山之豪始皇封諸管城世遂有名而姬姓之毛無聞

穎始以俘見卒見任使秦之滅諸侯穎與有功賞不酬
勞以老見疎秦真少恩哉

周朴謝友人贈牋紙并筆 具紙譜

段成式寄温飛卿葫蘆管筆往復二首

桐鄉往還見遺葫蘆筆管輙分一枚寄上下走困於守
拙不能大用濩落之實有同於惠施竪原之種本慙於
屈轂然兩思榮器愁想酒杯嫵苦菜而不吟詩長柄而
為贈未曾安筆却省歲書八月斷來固是佳者方知綠

沈赤管過於淺俗求太白麥穗䕶臨賀石班蓋可為副也飛卿窮素緗之業擅雄伯之名泝九流訂銓百氏筆洒漉而轉王紙襞績而不供或助撩彈且非玩好便望審安承墨細度霞毫勿令仲宣等閒敢詠也成式狀

温庭筠答

庭筠累日來洛水寒疝荆州夜嗽筋骸莫攝邪蠱相功蝸睆傷明對蘭釭而不寢牛腸治嗽嗟藥録而難求前者伏蒙賜葫蘆筆管一莖久欲含詞聊申拜貺而上池

未效下筆無聊慙況沉吟出懷未叙然則產於何地得
自誰人而能絜以栽筠輕同舉羽豈伊籌艸空摻九寸
之長何必靈芝獨號三株之秀但曾藏戢冊省永貯仙
居供笑遺民遷永佳種惟應仲履忽壓煩聲豈常見已
墮遺犀仍抽直幹青松所染漆竹三珍足使玳瑁慙華
琉璃掩耀一枝為貴豈其陸生三寸見稱遂蕪揚子謹
當刊於岩竹寘以郊翰隨纖刊而為牀擬高云而作屋
所恨書裙寡媚釘帳無功實醜凡姿空塵異貺庭筠狀

陸龜蒙石筆架子賦

栝可延年薰能照夜直為絶代之物以速連城之價爾材雖足重質實無妍徒覩翰墨謾費雕鐫到處而人爭閣筆相逢而竟欲投篇若遇左太冲猶置門庭之下如逢陸内史先焚章句之前寶跗非隣金匣不敵真堪諫諍之士推稱玄靈之客謝守邊城雨細題處堪憐陶公嶺畔雲多吟中合惜或若君王有命璽素爭新則以火齊水晶之飾龍膏象齒之珍窺臨舊視褒染生春衛夫

人間弄綵毫思量不到班婕妤笑提丹筆盼睞無因若自戩山如當榧几則叨居談柄之列辱在文房之理誠非刻畫幾受譴於纖兒終假磨礲幸見容於夫子可以資雪唱可以助風騷莫比巾箱之貴堪齊鐵研之高吟洞庭之波秋聲散賦瑶池之月皓色可逃若有白馬潛心雕龍在口鉤羅不下於三篋裁剪無慙於八斗零陵例化肯後於雙飛玄晏書成願齊於不朽

陸龜蒙哀茹筆工辭

夫子之肱兮何綿綿耕不能來兮漁不能船裁筠束毫既勝且便晝夜今古惟毫是鐫爰有茹夫工之良者責其精擿在價高下闕齧叉牙尚不能捨旬濡數鋒月秃一把編如蠶羣汝實助也我書奇奇渾源未衰惟汝是賴如何已而有兔千萬拔毛止皮散濫鈍鎈縮觚獄辭圓而不流銛而不敧在握方染亦茹之為斵輪運斤傳之者誰毫健身殞吾寧不悲

段成式寄余知古秀才散卓筆十管軟健筆十

管書

竊以孝經援神契夫子搢之以拜北極尚書中候周公授之以出玄圖其後仲將稍精右軍益妙張芝遺法聞氏新規其毫則景成愈於中山麝柔劣於羊逕或得懸蒸之要或傳痛頡之方起自蒙恬蓋知其妙不唯玄首黃琯之製含丹纏素之華沾建備於一牀雕鎪上於二管而已跗則大白菱穗臨賀石班格為仙掌之形架作蓮花之狀限書一萬字應貴鹿毛書紙四十枚詎兼人

髮前件筆出自新銓散卓尤精能用青毫之長似學鐵頭之短況虎僕久絕桐燭難成鷹固無憖兔或增懼足使王朗遽閣君留欲焚户牖門墻足備其闕也

余知古謝段公五色筆狀

伏蒙郎中殊恩賜及前件筆竊以趙國名毫遼東仙管曾進言於石室奏議於丘園經阮籍而飛動稱神得王珣而形製方大妙合景純之讚奇標逸少之經利器莫先豈宜虛授某藝乏鴻彩膺此綠沉降自成麟翻將畫

虎空懷得手之媿如無落度之憂春蚓未成豐狐濫對
喜並出圖而授驚逾入夢之徵將欲遺於子孫清白莫
比更願藏之篋笥瑞應那同捧載明恩伏增感激謹狀

殷元筆銘

宣神者言載言者書受以毫管妙有以敷彌綸二儀包
括有無

孔璠之筆讚

疊疊柔翰敷微通神時淪古冥玄趨常新

文嵩四侯傳各附諸譜之末

管城侯

毛元鋭字文鋒宣城人闕　　於東
野而生昴宿一名旄頭遂姓毛氏世居兎園少昊時因
少暴農之稼為鵰鳩氏所擒誅之以為乾豆其族有竄
於江南者居於宣城溧陽山中宗族豪盛元鋭之世二
代祖聿因秦始皇時遣大將軍蒙恬南征吳楚疑其有
三窟之計恃狡而不從使前鋒圍而盡執其族擇其首

領酋健者縻縛之獻於麾下大將軍問聿之能曰善編
録簡冊自有文字已來注記略無遺漏大將軍奇之用
命為椽掌管記及凱旋聞於上為築城而居其族遂以
文翰著名其子士載漢時佐太史公修史有勁直之稱
天子因覽前代史嘉其述美惡不隱文簡而事備拜左
右史以積勞累功封管城侯子孫世修厥職能業其官
累代襲爵不絕皆與名賢碩德如張伯英衛伯玉索幼
安鍾元常韋仲將王逸少王子猷並為執友歷宋齊已

來朝廷益以為重銳之曾大父如椽與王珣為神契之
交大父如聿與江文通紀少瑜有綵毫鏤管之惠皆文
章之會友也銳為人穎悟俊利其方也如鑿其圓也如
規其得用也稱旨則默默而作隨心應手有如風雨之
聲者有如鸞鶴迴翔之勢龍蛇奔走之狀者能為文多
記不倦濤染光祖德也起家校書郎直館廷中書令襲
爵管城侯聖朝庶政修闕　易玄光
同被詔常侍御案闕　須之友天

之以六合晏然志在墳典因詔元銳專職修撰銳久蒙委用心力以殫至於疲憊書札粗陳懼不稱旨遂懇上疏告老上覽之嘉歎曰所謂達士知止足矣優詔可之曰壯則驅馳老則休息載書方冊有德可觀卿仰止前哲宜加厚禮可工部尚書致仕就國光優賢之道也仍以其嗣職焉

史臣曰管城毛氏之先蓋昴宿之精取筆頭之名以為氏以與姬姓毛伯鄭之後毛氏不同族也其子孫則盛

於毛伯之後其器用則編及日月所燭之地也天子至於士庶無不重之者也朝廷及天下公府曹署隨其大小皆處右職功德顯著宗族蕃昌云

文房四譜卷二

文房四譜卷三

宋　蘇易簡　撰

硯譜水滴器附

一之叙事

昔黄帝得玉一紐治為墨海云其上篆文曰帝鴻氏之研又太公金匱硯之書曰石墨相著而黑邪心讒言得無汙白是知硯其來尚矣

釋名云硯者研也可研墨使和濡也

伍緝之從征記云魯國孔子廟中有石硯一枚製甚古

朴蓋夫子平生時物也及顔路所請之車亦存

王子年拾遺記云張華造博物志成晉武帝賜青鐵研此

鐵于闐國所貢鑄為硯也

又吴都有硯山石

魏武上雜物疏云御物有純銀參帶臺研一枚純銀參

帶圓研大小各一枚

東宮故事云晉王太子初拜有漆硯一枚牙子百副

開元文字云硯者墨之器也

又皇太子納妃有漆書硯一

劉澄之宋初山川古今記云興平縣蔡子池石穴深二百許丈石青色堪為硯

說文云石滑謂之硯字從石見

魏甄后少喜書常用諸兄筆硯其兄戲之曰汝欲作女博士耶后曰古之賢女未有不覽前史以觀成敗

或云端州石硯匠識山石之文理鑿之五七里得一窟自然有圓石青紫色琢之為硯可值千金故謂之子石硯窟雖在五十里外亦識之

西京雜記云天子玉几冬加綈錦其上謂之綈几以象牙火籠籠其上皆散華文後宮則五色綾紋以酒為書滴取其不氷以玉為硯亦取其不氷

昔有人盜發晉靈公塚塚甚瑰壯四角皆以石為玃犬捧燭石人四十人皆立侍尸猶不壞九竅之中皆有金

玉獲蟾蜍一枚大如拳腹容五合水潤如白玉取為盛

滴器

張彭祖少與漢宣帝微時同硯席帝即位以舊恩封陽都侯出常參乘曹爽與魏明帝亦然劉弘與晉武帝同見雜記中

李陽冰云夫硯用則貯水畢則乾之若久浸不乾墨乃不發墨既不發書乃多漬水在清淨宜取新水密護塵埃忌用煎煮之水也

袁彖贈庚翼蜂硯見筆譜中

梁武帝性純儉吳令唐鏞進鑄成盤龍火爐翔鳳硯蓋
詔禁錮終身

二之造

柳公權常論硯言青州石為第一絳州者次之殊不言端溪石硯世傳端州有溪因曰端溪其石為硯至妙益墨而至潔其溪水出一草芊芊可愛匠琢訖乃用其艸裹之故自嶺表迄中夏而無損也噫豈非天使之然耶或云水中石其色青山半石其色紫山絕頂者尤潤如

猪肝色者佳其貯水處有白赤黃色點者世謂之鸜鵒眼或脉理黃者謂之金線文尤價倍於常者也其山號曰斧柯山即觀碁之所也昔人採石為硯必中牢祭之不爾則雷電勃興失石所在其次有將軍山其硯已不及溪中及斧柯者

今歙州之山有石俗謂之龍尾石匠製為硯其色黑亞於端若得其石心則巧匠就而琢之貯水之處圓轉如渦旋可愛矣

魏銅雀臺遺址人多發其古瓦琢之為硯甚工而貯水數日不燥世傳云昔人製此臺其瓦俾陶人澄泥以絺濾過加胡桃油方埏埴之故與衆瓦有異焉即今之大名相州等處土人有假作古瓦之狀硯以市於人者甚衆

繁欽硯贊云或薄或厚乃圓乃方方如地象圓似天光班采散色漚染毫芒點黛文字輝明典章施而不德吐惠無疆浸漬甘液吸受流芳

蓋今制之令薄者常觀之見令一尖捧持近方琢之或內於稻穀中出於半而理之其鑿如麤針許製畢有如表紙厚薄者或有全良石之材工其內而質其外者或規如馬蹄銳如蓮葉上圓下方如圭如璧者圓如盤而中隆起水環之者謂之辟雍硯亦謂之分題硯腰半微拗謂之郎官樣者連水滴器於其首而為之者穴其防以導水焉閑其上穴則下穴取水流注於硯中或居則略無沾霞繁之銘見之矣

又繁欽硯頌曰鈞三趾於夏鼎象辰宿之相扶令絕不見三足硯僕常遊盱眙泉水寺過一山房見一老僧擁衲向暘模寫梵字前有一硯三足如鼎製作甚古僕前舉而詳之僧白眼默然不荅僕因不復問其由是知繁頌足可徵矣

傅玄硯賦云木貴其能軟石美其潤堅因知古亦有木硯

作澄泥硯法以墐泥令入於水中挼之貯於甕器內然

後别以一甕貯清水以夾布囊盛其泥而擺之俟其至
細去清水令其乾入黄丹團和溲如麪作二模如造茶
者以物擊之令至堅以竹刀刻作硯之狀大小隨意微
蔭乾然後以刀手刻削如法曝過閒空垜於地厚以稲
糠并黄牛糞攪之而燒一伏時然後入窯甑貯米醋而
蒸之五七度含津益墨亦足亞於石者
李濟翁資暇録云稠桑硯始因元和初其叔祖宰虢之
朱陽邑諸阮温清之隙必訪山水以遊一日於澗側見

一紫石憇息於上佳其色且欲紀其憇山之遊既常攜鐫具隨至自勒姓氏年月遂刻成文復無刓缺乃曰不頑不趺可琢為硯矣既琢一硯而過但惜其重大無由出之更行百步許至有小如拳者不可勝致遂令從者絜數拳而出就縣第製琢有脣精巧請琢之遂請解脣籍於是採琢開席於大路厥利縣肥後諸阬每經稠桑必相率致硯以報其本焉稠桑石硯自此也

三之雜說

古人有學書於人者數年自以其藝成遂告辭而去師曰吾有一篋物可附於某處及山之下絶無所附又封題亦甚不密乃啓之皆磨穴舊硯數十枚此人方知其師夙之所用者也乃返山服膺至皓首方畢其藝是知古人工一事必臻其極焉

西域無紙筆但有墨彼人以墨磨之甚濃以瓦合或竹節即其硯也彼國人以指夾貝葉或籐皮掌藏墨研以竹筆書梵字横讀成文蓋順葉之長短也韋見梵僧沸

唇綫頰歷眸之間數行俱下即不知其義也

藍田玉順山悟真寺有髙僧寫涅槃經羣鴿自空中啣水添硯水竭畢至曽聞彼山僧傳云亦見於白傅百餘韻詩

常有蟻為精為王者遊獵於儒士之室儒士見之甚微且顯乃於几案之上硯中施罾網獲魴鯉甚多

鄭朗以狀元及第覆落甚不得志其几案之硯忽作數十聲鄭愈不樂時洪法師在座曰硯中作聲有聲價之

象朗後果入臺輔斯吉兆也明矣今直閣范舍人杲言頃自大著直館於史閣中與諸學士清話閒范公几案之上所用硯或作一十五聲丁丁然甚駭之范獨内喜迨半月有朱衣銀魚之賜亦異事也

魏有芝生銅硯孝靜帝

今覩歲貢方物中虢州鍾馗石硯二十枚未知鍾馗得號之來由也

越州戒珠寺即羲之宅有洗硯池至今水常黑色今金

州廉使錢公言
僖宗時鄭畋盧携同為相不恊議黄巢事忿争於中書
堂盧拂衣而起袂染於硯而投之
開元傳信記云玄宗所幸美人忽夢人邀去縱酒密會
因言於上上曰必術人所為也汝若復往宜以物誌之
其夕熟寐飄然又往半醉見石硯在前乃密印手文於
曲房屏風上悟而具啓乃潛令人訪之於東明觀見其
屏風手文尚在所居道人已遯矣

梁元帝忠臣傳曰劉弘沛國人常寄居洛陽與晉武帝

同硯書

筆陣圖以水硯為城池

異苑蔣道支於水側見一浮檻取為研製形象魚有道

家符讖及紙皆置魚研中嘗自隨二十餘年忽失之夢

人云吾暫遊湘水過湘君廟為二妃所留今暫還可於

水際見尋也道支詰旦至水側見罾者得一鯉魚買剖

之得先時符讖及紙方悟是所夢人棄之俄而雷雨屋

上有五色氣直上入雲有人過湘君廟見此魚研在二妃側

宣室志云有蔣生者好道之士也逢一貧窶人自稱章全素自役使來怠墮頗甚蔣生頻檟楚之忽一日語蔣生曰君几上石硯某可點之為金蔣生愈怒其誑誕時偶蔣生忽出追歸章公已死矣然失几上之硯因窺欒鼎中有奇光試探得硯而一半已為紫磨金矣蔣生歎憤終身也

近石晉之際關右有李處士者放達之流也能畫馴狸復能補端硯至百碎者賫歸旬日即復舊焉如新琢成略無瑕纇世莫得其法也

四之辭賦

傅玄硯賦

採陰山之潛璞簡衆材之攸宜節方圓以定形鍛金鐵而為池設上下之剖判配法象乎二儀木貴其能軟石美其潤堅加采漆之膠固含冲德之清玄

楊師道詠硯詩

圓池類璧水輕翰染烟華將軍欲定遠見棄不應賒

李尤硯銘

書契既造硯墨乃陳篇籍永垂紀誌功勛

魏王粲硯銘

昔在皇頡爰初書契以代結繩民察官理庶績誕興在世季末華藻流淫文不為行書不盡心淳樸澆散俗以崩沉墨運翰染榮辱若懲念兹念兹唯玄是徵

唐李賀青花紫硯歌

端州石匠巧如神踏天磨刀割紫雲傭刓抱水含滿唇暗洒萇弘冷血痕紗帷晝暖墨花春輕漚漂沫松麝薰乾膩薄重立脚勻數寸秋光無日昏圓毫促點聲清新孔硯寬頑何足云

傅玄水龜銘

鑄茲靈龜體像自然含源吐水有似清泉潤彼玄墨染此柔翰申情寫素經緯羣言

韓愈瘞硯文

序曰隴西李元賓始從進士貢在京師或貽之硯四年悲歡否泰未甞廢用凡與之試藝春官實二年登上第行於褒谷役者誤墜地毁焉乃匣歸埋於京師里中昌黎韓愈其友人也賛而識之

土乎成質陶乎成器復其質非生死類全斯用毁不忍棄埋而識之仁之義硯乎研乎瓦礫異之

張少博石硯賦

硯之施也備乎用石之質也本乎山溫潤稱珍騰異彩而玉色追琢成器發奇文而綺班蓋求伸於知己爰待用於君子故立言之徒載筆之史將吮墨以濡翰乃操觚而汲水始爛爛以光徹終霏霏而烟起或外圓而若規或中平而如砥原夫匠石流盼藻熒生輝象龜之負圖乍伏如鵲之緘印將飛設之戶庭王充之名允著置之藩溷左思之用無違徒觀夫清光景耀真質霜淨符彩華鮮精明隱映皎如之色比藏冰之玉壺煥然之文

狀吐菱之石鏡當其山谷之側沉冥未識韞玉吐雲懷珍隱德及入用以磨礪因人而拂拭故能撫之類磬發奇音對之若鏡開新色既垂文以成象亦澄瀾而漬墨硯之用也詎可興嘆而焚石乃堅然孰謂有時而泐斯可以正典謨之紀垂篆籀之則者也遂更播美六書傳芳三妙用之漢帝嘗同彭祖之席存之魯國猶列宣尼之廟是以遺文可述茲器奚匠匪銷匪鑠良金安可比其鋼不磷不緇美玉未足方其質光烏蹟於青簡發龜

文於洪筆則知創物作程事與利并兹硯也所以究墨之妙窮筆之精者也

黎逢石硯賦

有子墨客卿從事於筆硯之間學舊史之暇日得美石於他山琢而磨之其滑如砥欲精研而染翰在虛中而貯水水隨量而環周墨浮光而黛起明而未融是以為用久而不渝故以為美成器尚古徵闕里之素王匠法增華參會稽之內史且王言惟一道心惟微於以幽贊

由之發揮從人之欲委質莫違代若遐棄民將疇依肅
觀光而霧集賴設色而炯霏實將振文而為邦豈惟蘊
玉而山輝者哉君無謂一拳之石取其堅君無謂一勺
之水取其淨君其遂取我有成性苟有補於敷閱固無
辭於蘊映惟聖人有大寶昊天有成命莫不自我以載
形因我以施令志前王之事業作後人之龜鏡夫物遷
其常天運不息水有涸兮石有泐代貴其不磷我則受
其磨代貴其不染我則受其黑象山下之泉為天下之

式因碌碌於俗閒類栖栖於孔墨嗚呼辭上體要文當絕妙雖濡翰其不疲無煩文而取誚然實君子以其勁質或升之堂或入之室對此大匠厠諸鴻筆見珍於殺青之辰為用於草玄之日夫氣結為石物之至精攻之為硯因用為名事若可以代將作程斯器也不獨堅之為貴諒於人之有成

吳融字子華古瓦硯賦

勿謂乎桑而無剛土埏而為瓦勿謂乎廢而不用瓦斲

而為硯藏器蠖屈逢時剥變陶甄已往含古色之幾年磨瑩俄新貯秋光之一片厥初在怡成象毁方効姿論堅等甓闢縹縢瓷人莫我知是冬穴夏巢之日形為才役乃上棟下宇之時扶同把梓迴避莭茨若乃臺號姑蘇殿稱枍詣樓標十二之聳閣起三重之麗莫不瓴甋凝輝鴛鴦疊勢縫密如鑠行踈若綴御來而月影重重漏出而爐香細細觚稜金爵競託岧嶤玉女天人争來睥睨陵谷難定松薪忽焉朝歌有已秀之麥咸陽有不

滅之烟是則縱橫舊趾散亂荒阡風飄早落雨滴仍穿藏瀰迤之春蕪耕牛脚下照青藜之鬼火戰骨堆邊誰能識處亦莫知年何期邂逅見寵雕鐫資乎有作備我沉研磬在水以羞浮鐘因霜而謝响玉滴一墮松烟四上山雞誤舞澄明之石鏡當頭織女疑來清淺之銀河在掌異哉晉之藏歌蓋舞庇日干霄繁華幾代零落一朝委地而合墮塵土依人而却住瓊瑶天禄石渠和鉛即召風臺雪苑落筆争邀依依舊物歷歷前朝沈家令

坐上迴看能無淚下江中書歸來偶見得不魂銷有以見古今推移牢籠眇漫成敗皆分短長一貫何樹春秋各千年何花開落唯一旦星隕地以為石盡滅光輝雞升天而上仙別生羽翰異穎猶然浮生莫筭

王嵩寗孔子石硯賦

昔夫子有石硯焉邈觀器用究無雕鐫古石猶在今人尚傳從歎鳳兮何世至獲麟兮幾年世歷近王近霸年止幾徂幾遷任迴旋於几席垂翰墨於韋編時亦遠矣

物仍在焉非聖人之休祐安得兹而不捐泊乎俗遠聖賢教移齊魯列廟以居先師攸主上熒熒以光徹旁羃羃而色固介爾堅貞確乎規矩昔有諸侯立政周道無闕嗟禮樂之仍缺歎詩書之未分聖人乃啓以褒貶垂以典墳必籍斯器用成斯文蓋石固而人往亦事存乎硯云至乃方質圓形錮模龜首雕飾為用陶甄可久橫縧烟而不絕添淥水之常有豈如是石斯為不朽昔偶宣父厥容伊何旁積垂露中含偃波時代遷移去游夏

而彌遠日月逾邁變炎涼之已多别有逢掖書生獻策
東京仰望先哲攻文後成叨秉筆以當閒愧含毫而頌
聲

李琪謝朱梁祖大瓦硯狀

蒙恩賜臣前件硯者伏以記室濡毫於楯鼻刀側非史
多臣染翰於螭頭箇形甚小尚或文章煥發言動必書
為號令之詞作典謨之訓如臣者坐憂才短行怯思遲
自叨金馬之近班常愧玉蟾之舊物豈可叉頌文器周

及禁林製作泓渟規模廣滑閑宮苔而色古連程石以
光凝敵不致在坐隅酣茹筆陣餘波浸潤便同五老之
壺終日拂磨豈但一丸之墨如承重寶倍感殊恩

僧貫休詠硯詩

淺薄雖頑朴其如近筆端低心蒙潤久入匣更身安應
念研磨苦無為瓦礫看倘然人不棄還可比琅玕

魏繁欽硯頌

有般倕之妙匠兮倪詭異於遐都稽山川之神瑞兮識

嘉璇之内敷遂縈繩於規矩兮假卞氏之遺模擬渾靈之肇制兮效羲和之毀隅鈎三趾於夏鼎兮象辰宿之相扶供無窮之秘用兮御几筵而優游

莊南傑寄鄭碏疊石硯歌

媧皇補天殘錦片飛落人間為石硯孤峯削疊一尺雲虎幹熊跪勢皆偏半掬春泉澄淺清洞天徹底寒泓泓筆頭搶起松烟輕龍蛇怒鬬秋雲生我今得此以代耕如探禹穴披崢嶸闕心骨驚坐中彷彿到蓬瀛

李琪詠石硯

遠來何嶺外近到玉堂間乍琢文猶澁新磨墨尚慳不能濡大筆何要别秋山

劉禹錫贈唐秀才紫石硯詩

端溪石硯人間重贈我因知正草玄闕里廟中空舊物開方竈下豈天然玉蜍吐水霞光淨彩翰摇風絳錦鮮此日傭工記名姓因君數到墨池前

文嵩即墨侯石虚中傳

石虛中字居默南越髙要人天性好山水隱遁不仕因採訪使遇之於端溪謂曰子有樸質沉厚之德兼有奇相體貌紫光嘘呵潤澈頗負材器但未遇哲匠琢磨耳禮不云乎玉不琢不成器人不學不知道子其謂矣今明天子御四海六合之内無不用之材無不成之器我今奉命巡察天下風俗採訪海内遺逸安敢輒忘厥職見賢不薦者歟子無戀溪泉自取沉棄耳虛中曰僕生此南土逺在峽隅自不知材堪器用既辱採顧敢不唯

命是從採訪使遂命博士金漸之規矩磨礱不日不月
果然業就虛中器度方圓皆有邊岸性恪謹默中心坦
然若汪汪萬頃之量也採訪使以聞於省有司考試之
與燕人易玄光研覈合道遂為雲水之交有司乃薦於
上上授之文史登臺省處右職上利其器用嘉其謹默
詔命常侍御案之右以備濡染因累勛績封之即墨侯
虛中自歷位常與宣城毛元銳燕人易玄光華陰楮知
白常侍上左右皆同出處時人號為相須之友

史臣曰衛有大夫石碏其先顓帝之苗裔也出靖伯之後曰甫甫生石仲仲之後曰碏春秋時仕衛世為大夫焉即墨侯石氏與衛大夫即不同也蓋出五行之精八音之靈岳結而生稟質而名懷寶為玉吐氣為雲發硎利刃與天地常存者也

文房四譜卷三

文房四譜卷四

宋　蘇易簡　撰

墨譜

一之叙事

真誥云今書通用墨者何盖文章屬陰墨陰象也自陰顯于陽也

續漢書云中宮令主御墨

漢書云尚書令僕丞郎月賜隃麋大墨一枚小墨一枚

東宮故事皇太子初拜給香墨四丸

釋名曰墨者晦也言似物晦黑也

陸士龍與兄書云一日上三臺曹公藏石墨數十萬斤

然不知兄頗見之否今送二螺

古有九子之墨祝婚者多善禱之像也詞曰九子之墨

成於松烟本姓長生子孫無邊

顧徵廣州記曰懷化郡掘塹得石墨甚多精好可寫書

戴延之西征記曰石墨山北五十里山多墨可寫書故號爲盛弘之荆州記曰筑陽縣亦出墨

揚雄詔令尚書賜筆墨觀書石室

墨藪云凡書先取墨必廬山之松烟代郡之鹿角膠十年之上强如石者妙

周書有涅墨之形莊子云舐筆和墨晉公墨綟邑宰墨綬是知墨其來久矣

陶侃獻晉帝牋紙三千枚墨二十丸皆極精妙

王充論衡云以塗搏泥以墨點繒孰有知之清受塵白取垢青蠅之汚常在絹素

歐陽通每書其墨必古松之烟末以麝香方可下筆

許氏說文云墨者墨也字從黑土墨者烟煤所成土之類也

古人灼龜先以墨畫龜然後灼之兆順食墨乃吉尚書洛誥云惟洛食漢文大橫入兆即其事也

北齊朝會儀諸郡守勞訖遣陳土宜字有謬誤及書跡

濫劣者必令飲墨水一升見開寶通禮

酈道元注水經云鄴都銅雀臺北曰氷井臺高八尺有屋一百四十間上有氷室數井井深十五丈藏氷及石墨焉石墨可書又見陸雲與兄書云

括地志云東都壽安縣洛水之側有石墨山山石盡黑可以書疏故以石墨名山

新安郡記云黟縣南一十六里有石嶺上有石墨土人多採以書有石墨井是昔人採墨之所今懸水所淙激

其井轉益深矣

陳留耆舊傳云王邯剛猛能解槃牙破節目考驗楚王英謀反連及千餘人事竟引入詰問無謬一見賜御筆墨再見賜佩帶三見除司徒西曹屬

王充論衡云河出圖洛出書此皆自然也天安得筆墨而圖畫乎

晉令治書令史掌威儀禁令領受寫書縑帛筆墨

筆陣圖以筆為刀梢墨為鍪甲

二之造

韋仲將墨法曰（即韋誕也善題額）今之墨法以好醇松烟乾搗以細絹簁于缸中簁去草芥此物至輕不宜露簁䖏飛散也烟一斤已上好膠五兩浸梣皮汁中梣皮即江南石檀木皮也其皮入水緑色又解膠并益墨色可下去黄雞子白五枚亦以真珠一兩麝香半兩皆别治細簁都合調下鐵臼中寧剛不宜澤搗三萬杵杵多益善不得過二月九月温時臭敗寒則難乾每錠重不過二兩

故蕭子良答王僧虔書云仲將之墨一點如漆巽公墨法松烟二兩丁香麝香乾漆各少許右以膠水溲作挺火烟上薰之一月可使入紫草末色紫入秦皮末色碧其色俱可愛

昔祖氏本陽定人唐時墨官也今墨之上必假其姓而號之大約易水者為上其妙者必以鹿角膠煎為膏而和之故祖氏之名聞于天下今太行濟源王屋亦多好墨有圓如規亦墨之古製也有以栝木烟為之者尤麤

又云上黨松心為之尤佳突之末者為上

江南黟歙之地有李廷珪墨尤佳廷珪本易水人其父超唐末流離渡江覩歙中可居造墨故有名焉今有人得而藏于家者亦不下五六十年蓋膠敗而墨調也其堅如玉其紋如犀寫踰數十幅不耗一二分也

墨或堅裂者至佳凡收貯宜以紗囊盛懸于透風處佳

造朱墨法上好朱砂細研飛過好朱紅亦可以梣皮水煑膠清浸一七日傾去膠清于日色中漸漸滴之乾濕

得所和如墨挺于朱硯中研之以書碑石亦須二月九月造之

宋張永涉獵經史能為文章善隸書又有巧思紙墨皆自造上每得永表輙執玩咨嗟久之嘆供御者不及也

造麻子墨法以大麻子油沃糯米半碗强碎剪燈心堆于上燃為燈置一地坑于中用一瓦鉢微穿透其底覆其焰上取烟煤重研過以石器中煎煮皂莢膏并研過者糯米膏入龍腦麝香秦皮末和之搗三千杵搜為挺

置陰室中候乾書于紙上向日若金字也秦皮陶隱居
云俗謂之樊槻皮以水漬和墨書色不脱故造墨方多
用之
近黟歙間有人造白墨色如銀迨研訖即與常墨無異
而未知所製之法
三之雜說
張芝臨池學書池水盡墨
神仙傳云班孟能嚼墨一噴皆成字竟紙有意義

王子年拾遺云張儀蘇秦同志寫書行過聖人之文則以墨畫掌及股夜還寫之

葛洪好學自伐薪買紙墨

災祥集曰天雨墨君臣無道讒人進

神仙傳漢桓帝徵仙人王遠遠乃題宫門四十餘字帝惡而削之外字去内字復見墨皆入木裏

揚雄答劉歆書云雄為郎自奏心好沈博絶麗之文願不受三歲俸且休脱直事之繇得肆心廣意成帝詔不

奪俸令尚書賜筆墨得觀書于石室故天下上計孝廉及內郡衛卒會者雄常把三寸弱翰賫油素四尺以問其異語歸則以鉛摘刻之于槧二十七年于兹矣

偽蜀有童子某者能誦書孟氏召入甚嘉其頴悟遂錫之衣服及墨一丸後家僮誤墜于庭下盆池中後數年重植盆中荷芰復獲之堅硬光膩仍舊或云僖宗朝所用之墨餘者

唐王勃為文常先研墨數升以被覆面謂之腹藳起筆

下不休幼常夢人遺之墨凡盈袖
西域僧自言彼國無硯筆紙但有好墨中國者不及也
云是雞足山古松心為之僕嘗獲貝葉上有梵字數百
墨倍光澤會秋霖為牕雨濕因而揩之字終不滅
後周宣帝令外婦人以墨畫眉蓋禁中方得施粉黛
漢書光武起王莽令以墨汙渭陵延陵周垣
僕將起赴舉年夢令上臨軒親賜墨一挺僕因蹈舞拜
受旦日言于座客有江表郭靖前賀曰必狀元及第僕

詰之郭曰僕有徽方言也前春御試果冠羣彦而郭公已有他事遒歸江表後言之于禮部郎中張泊泊曰夫墨者筆硯之前用時必須出手矣手與首同音也僕亦解之曰天子手與文墨也

顧野王輿地志曰漢時王朗為會稽太守子肅隨之郡住東齋中夜有女子從地出稱越王女與肅語曉别贈一丸墨肅方欲注周易因此便覺才思開悟

抱朴子友人元伯先生以濡墨為城池以機柚為干戈

汲太子妻與夫書曰并致尚書墨十螺

葛龔與梁相書曰復惠善墨下士難求推骸骨碎肝膽不足明報

干寶搜神記曰益州西有祠自稱黄石公人或饋紙筆一丸墨則石室中言吉凶

本草云墨味辛無毒止血生肌膚合金瘡散主産後血暈磨醋服之亦主眯目物芒入目點瞳子上又止血痢及小兒客忤擣篩和水調服之好墨入藥粗者不堪

陶隱居云樊槻皮水漬以和墨書色不脱即秦皮也

陶隱居云烏賊魚腹中有墨今作好墨用之烏賊者以其食烏也

海人云烏賊魚即秦王筭袋魚也昔秦王東遊棄筭袋于海化為此魚形一如筭袋兩帶極長墨猶在腹人捕之必噴墨昏人目也其墨人用寫券歲久其字磨滅如空紙焉無行者多用之

國語晉成公初生夢人規其臂以墨曰使有晉國三世故名黑臂

潁川荀濟與梁武有舊而素輕梁武及梁受禪乃入北
嘗云會于楯鼻磨墨作文檄梁

令常侍徐公鉉云建康東有雲穴西山有石墨親嘗使
之又云幼年嘗得李超墨一挺長不過尺細裁如筋與
其愛弟鍇共用之日書不下五千字凡十年乃盡磨處
邊際有刃可以裁紙自後用李氏墨無及此者超即廷
珪之父也

唐末陶雅為歙州刺史二十年嘗責李超云爾近所造

墨殊不及吾初至郡時何也對曰公初臨郡歲取墨不過十挺今數百挺未已何暇精好焉

山中新伐木書之字即隱起他日洗去墨字猶分明又書于版牘歲久木朽而字終不動蓋烟煤能固木也亦

徐常侍言

今之小學者將書必先安神養氣存想字形在眼前然後以左手研墨墨調手穩方書則不失體也又曰研墨如病蓋重其調勻而不泥也又曰研墨要涼涼則生光

墨不宜熱熱則生沫蓋忌其研急而墨熱又李陽氷云用則旋研無令停久久則墨埃相污膠力隳亾如此泥鈍不任下筆矣

初舉子云凡入試題目未出間豫研墨一硯蓋欲其辦事非主于事筆硯之妙者也

今之燒藥者言以墨塗紙裹藥尤能拒火

王嘉拾遺記昔老君居景室山與老叟五人共談天地之數撰經書垂十萬言有浮提國二神人出金壺器中

有墨汁狀若淳漆灑木石皆成篆隸以寫之及金壺汁

盡二人乃欲刳心瀝血以代墨焉五老即五天之釋也

景室即太室少室也

王獻之與桓温書扇誤爲墨污因就成一駮牛甚工曹

不興畫屏風誤汙爲蠅文帝以手彈之

義熙中三藏佛䭾跋陁住建業謝司空寺造護淨堂譯

華嚴經堂下忽化出一池常有青衣童子自池中出與

僧洒掃研墨

宋雲行記云西天磨休王斮髓為墨寫大乘經見筆部中

石崇奴券曰張金好墨過市數蠡并市毫筆備郎寫書

趙壹非草書云十日一筆月數丸墨見筆勢中

劉恂嶺表録異云嶺表有雷墨蓋雷州廟中雷雨勃起人多于野中獲得石狀如黳石謂之曰雷公墨也扣之鎗鎗然光瑩可愛

典論云袁紹妻劉氏性妬紹死未殯殺其妾五人恐死者知乃髡其髮墨其面

曹毗志怪云漢武鑿昆明極深悉是灰墨無復土舉朝不解以問東方朔朔曰臣愚不足以知之可試問西域胡僧帝以朔不知難以核問後漢明帝時外國道人入來洛陽時有憶方朔言者乃試問之胡人曰經云天地大劫將盡則劫燒灰此燒之餘乃知朔言有旨又云出幽明録

四之辭賦

後漢李尤墨銘

書契既造研墨乃陳烟石附筆以流以伸

曹植樂府詩

墨出青松烟筆出狡兔翰古人成鴛跡文字有改判

張仲素墨池賦

墨之為用也以觀其妙池之為玩也不傷其清苟變池而盡墨知功積而藝成俾夜作晝日居月諸挹彼勺水精其六言或流韻于崩雲之勢乍滴瀝于垂露之餘由是變此黛色涵乎碧虛浴玉羽之翩翩忽殊白烏濯錦鱗之瀲瀲稍見玄魚自強不息克臻其極何健筆以成

文俾方塘之改色映揚鬐之鯉乍謂寓書沾曳尾之龜還同食墨沮洳斯久杳冥莫測受涅者必其緇知白者成其黑恢宏學海輝映儒林將援毫而悅目嘗發舟而賞心其外莫測其中莫見同君子之用晦比至人之不炫氷開而純漆重重石映而玄珪片片倘北流而浸稻自成黑黍之形如東門之漚麻更學素絲之變宜其儀也可傳可繼豈謀樂也泳之游之恥魏國之沉沉徒開墨井笑崑山之浩浩空設瑤池專其業者全其名久其

道者盡其美彼如翰成兹水游藝之徒葢以墨池而竊比

李白訓張司馬贈墨歌

上黨碧松烟夷陵丹砂末蘭麝凝珍墨精光乃堪掇黄頭奴子雙鴉鬟錦囊養之懷袖閒今日贈余蘭亭去興來洒筆會稽山

僧齊己謝人惠墨詩

珍我歲寒烟攜來路幾千只應真典誥銷得苦磨研正

色浮端硯精光動蜀箋因君强濡染捨此即忘筌

段成式送温飛卿墨往復書十五首

段云近集賢舊吏獻墨二挺謹分一挺送上雖名殊九子狀異二螺如虎掌者非佳似兔支者差勝不思吳興道士忽遇因取上章越王神女得之遂能注易所恨偷厚松節絶已多時上谷槲頭求之未獲也成式述作中蹟草穎非上海若白事足以驅策詎可供成塚之硯奪如椽之筆乎

温荅云庭筠白即日僮幹至奉披榮誨蒙賚易州墨一挺竹山奇製上蔡輕烟色掩緇帷香含漆簡雖復三臺故物貴重相傳五兩新膠乾翰輕入用猶怨於潛曠遠建業尫羸韋曜名方即求雜木傳玄佳致别染龜銘恩加于蘭署郎官禮備于松檽介婦汲妻衡弟所未窺覲廣記漢儀何當著列矧又玄州上苑青瑣西垣讐字猶新疑籤上整帳中女史每襲清香架上仙人常持縹帙得于華近辱在庸虛豈知夜鶴頻驚殊慙志業秋虵屢

縮不稱精研惟憂海物虛投蠟盤空設晉陵雖壞正握銅兵王詔徒深唯磨玉硯捧受榮佩不任下情庭筠再拜

段答云昨獻小墨殆不任用籍棖之力殊未堅剛和劑之餘固非精好既非懷化所得豈是筑陽可求況集從來政能慚洎祖之市果自少學業愧稚川之伐薪飛卿制肘功深碎掌力倦齊奮五筆捷發百函愁中復解元嘲病裡猶屠墨守烟不所附抑有神乎哉禮承訊忻懌

蕪襟莫測疲詞難知古訓行當祇謁條訪闕疑成式狀

温答云昨夜安東聽偈比因追涼角枕才歌蘭釭未艾縹繩初解紫簡仍傳麗事珍繁擒華益贍雖則竟山充貢握槧堪書五九二兩之精英三輔九江之清潤葛龔受賜稱下士難求王粲著銘歎遐風易遠俱苞輸囷盡入淙令遺逸皆存纖微悉舉鶡觀鵬運豈識逍遙鯢入鮒居應嗟坎窞願承謦欬以庸愚蒙庭筠狀

段答云昨更拾從土黑聲之餘自謂無遺策矣但媿井

蛙尚猶自恃醯雞未知大全忽奉毫白復新耳目重耳誤徵謬設生慙張奐致渝研味難盡詎同王遠術士題字入木班孟何人嘖書竟紙雖趙壹非草數凡志徵汲媛餉夫十螺求說肝膽將破翰答已疲自力負之更遲

承問成式狀

溫答云伏蒙又杼沖襟詳徵故事蒼然之氣仰則彌高燧彼之泉汲而增廣方且驚神褫魄寧唯矜甲投戈復素洛呈祥翠嫣垂睨黿字著象鳥英含華至于漢省五

凡武部三善仲宣佳藻既詠浮光張永研工常稱點漆
逸少每停縝滑長庸常務色輕擣乃韋書知為宋畫苟
濟提兵之檄磨楯而成息躬覆族之言削門而顯敢持
蛙井猶望鯤池不任槧伏宗御之至庭籥狀
段答云赫日初昇白汗四匝愁議墨陽之地嬾窺蕙愛
之書次復八行盈襞交互訪伏牛之夜骨豈望登真迷
艮獸之沉脂虛成不任更得四供晉主五入漢陵隱侯
辭著于麝膠葛玄術深于魚吐寧止千松政染三丸可

和僧綽獨擅之才周顒自謂無愧而已支策長望梯凡
熟暇方困九攻徒縈十部齋師其遁詎教脫扃成式狀
溫答云竊以童山不秀非鄒衍可吹眢井無泉豈耿恭
不拜墨尤之事謂以獲麟筆聖之言翻同倚馬靜思神
運不測冥搜亦有自相里而分豈公輸所削流輝精絹
假潤青泉銘著李尤書投蘇竟字憂素敗不長飛揚傳
想見貽守宮斯主研蚌胎而合美配馬瑙以成章更率
荒蕪益慚疎略庭筠狀

段答云藍染未青玄嘲轉白責羝羊以求乳耨石田而望苗殆將壯腸豈止憎貌猶記烟磨青石黛漬幕書施根易思號介難曉蘇秦同志傭力有而可題王隱南游著書無而誰給令則色流琅硯光滴彩毫腹笥未緘初不停綴疲兵怯戰惟願豎降成式狀

温答云驛書方來言泉更湧高同泰畤富類敖倉怯蒙叟之大匪駭王郎之小賊尤有剛中巧製廟裏奇香徵上黨之松心識長安之石炭馬黔靡用竈食難知規虞

器以成奢然梁刑而嚴罪便當北面不獨棲毫庭筠狀
段答云飛卿博窮奧典敏給芳詞吐水千瓶有才一石
成式尺紙寒暑素所不閑一卷篇題從來蓋寡竊以墨
事故負巾箱先無可謂附騏驥而雖疲遵繩墨而不跌
者忽記鄴西古井更欲探尋號略鏤盤誰當倣效況又
劇閒可答但愧于子安一見之賜敢同于郢惲乎陣崩
鶴唳歌怯雞鳴復將晨壓我軍望之如墨也豈勝懋居
懾處之至成式狀

温答云庭筠闤市無功持撾寡効大蒐陣聽蝸睆傷明
庸敢撫翼鴛鵬追蹤驥騄每承函素若涉滄溟亦有叢
憐尚存戔餘可記至于纏從新制既僳秦兵綬匯舊儀
仍傳漢制張池造寫蔡碣含舒荷新滏之恩空沾子野
發治城之詺獨避元規窘類轢羹辭同格餝其為愧怍
豈可勝言庭筠狀
段答云韞櫝遍尋緘筠窮索思安世篋内捜伯喈帳中
更覩沈家令之謝箋思生松黛楊師道之佳句才溢煥

華抑又時方得賢地不愛寶定知災祥不雨誰論穹昊所無還介方酬爵儀未晩羽驛沓集筆路載馳豈知石宣之書能迷中散麻纑之語只辦光和底滯之時徵引多誤殫筆搦紙慚怯倍增成式狀

温答云昨日浴蠶時光風亭小宴三鼓方歸臨出棒緘在醒忘答亦以蚳蝝久罄川瀆皆隕豈知元化之杯莫能窮竭季倫之寶益更扶疎雖有翰海疊石須陽水號烟城倥咏剩出青松惡道遺踪空留白石扇裏止餘烏

牸笄閭正作蒼蠅豈敢尤彎楚野之號尚索神亭之戟
謹當焚筆不復摻觚矣庭筠狀
段答云問義不休攬筆即作何翅懸鼓得槌也小生方
更陪鰓尚自舉尾更搜屋火得復刀圭因記風人辭中
將書烏皂長歌行裏謂出松烟供椒掖量用百九給蘭
臺率以六石棠梨所染滋潤多方黎勤共和周遮無法
傳元稱為正色豈虛言歟飛御筆陣堂堂舌端衮衮一
盟城下甘作附庸成式狀

文嵩松滋侯易元光傳

易元光字處晦燕人也其先號青松子頗有材幹雅淡清貞深隱山谷不仕以吟嘯烟月自娱常謂門生邴炎曰余青山白雲之士去榮華絶嗜欲修真得道久不為寒暑所侵壽亘千秋然尤永離五行之數終拘有限予漸覺形神枯槁是知老之將至矣今他日必為風雨所蹟後因子熾盛余當神化為雲氣之狀升霄漢矣其留者號元塵生徙居黟突之上必退膠水之契隃麋處士

鹿角煎和丹砂麝香數味遺而餌之其後果然門生皆以青松子前知定數矣元塵生餌藥得道自黃帝時蒼頡比鳥跡為文以代結繩之政元塵便與有功焉其後子孫皆傳其術以成道易水之上遂為易氏焉元光即元塵曾孫也家世通元處素其壽皆永嘗與南越石虛中為研究雲水之交與宣城毛元鋭華陰楮知白為文章濡染之友明天子重儒元慕其有道世為文史之官特詔常侍御案之右拜中書監儒林待制封松滋侯其

宗族蕃盛布在海内少長皆親硯席以文顯用也

史臣曰古者得姓非官族世功則多以地名為氏或爵邑馮或所居馮松滋侯易氏益前山林得道人也青松子富有春秋不顯名氏其族或隱天下名山皆避為棟梁之用也有居太山者秦始皇巡狩至東岳因經其隱所拜其兄弟五人為大夫馮其叅元得道能神化者則自易水之上後代故用為姓云

文房四譜卷四

欽定四庫全書

文房四譜卷五

宋 蘇易簡 撰

紙譜

一之叙事

周禮有史官掌邦國大事書于策小事簡牘而已而又古用札釋名云札者櫛也如櫛之比編之也亦策之類也漢興已有幡紙代簡而未通用至和帝時蔡倫字敬

仲用樹皮及敝布魚網以為紙奏上帝善其能自是天
下咸謂之蔡侯紙
左伯字子邑漢末亦能為之故蕭子良荅王僧虔書云
子邑之紙妍妙輝光仲將之墨一點如漆
說文云紙者絮一苫也從糸氏聲葢古人書于帛故裁
其邊幅如絮之一苫也
真誥云一條有楊椽椽名曦書兩本一黄牋一碧牋
韋誕云蔡邕非紈素不妄下筆

張芝善書寸紙不遺有絹必先書後練

桓玄詔平準作桃花牋紙及縹綠青赤者葢今蜀牋之製也

真誥云三君多書荊州白牋紙歲月積久首尾零落或兼缺爛前人糊搨不能悉相連補

墨藪云紙取東陽魚卵虛柔滑淨者

三輔決錄曰韋誕奏蔡邕自矜能書兼明斯喜之法非得紈素不妄下筆工欲善其事必先利其器用張芝筆

左伯紙及臣墨皆古法兼此三具又得臣手然後可以
盡經丈之勢方寸之言

晉時爲詔以青紙紫泥

貞觀中始用黄紙寫勅制

高宗上元二年詔曰詔勅施行既爲永式比用白紙多
有蟲蠹宜令今後尚書省頒下諸司諸州縣並宜用黄

紙

歐陽通紙必堅潔白滑者方書之

陶侃獻晉帝牋紙三千枚極妙并墨

東宮舊事皇太子初拜給赤紙縹紅麻紙勑紙各一百
張

雷孔璋曾孫穆之猶有張華與祖書乃桑根紙也

王右軍為會稽謝公就乞牋紙庫內有九萬枚悉與之

桓宣武云逸少不節

抱朴子曰洪家貧伐薪買紙墨故不得早涉藝文常乏
紙每所寫皆反覆有字人少能讀

御史故事云按彈奏白簡為重黃紙為輕令一例白紙無甚差降矣

釋名曰紙者砥也謂平滑如砥石

幡紙古者以縑帛依書長短隨事截之以代竹簡也

前漢服虔通俗文曰方絮曰紙字從糸氏無氏下從巾

又桓玄令曰古無紙故用簡非主于恭令諸用簡者宜以黃紙代之

虞豫表云秘府有布紙三萬餘枚不任寫御書乞四百

枚付著作史寫起居注

廣義將軍岷山公以黃紙上表于慕容儁儁曰吾名號未異于前何宜便爾讓令以白紙稱疏

古有藤角紙范甯教云土紙不可作文書皆令用藤角紙

古謂紙為幡亦謂之幅蓋取繒帛之義也自隋唐已降乃謂之枚

魏武令曰自今諸掾屬侍中别駕常于月朔各進得失

給紙函各一

張華造博物志成晉武帝賜側理紙萬番南越所貢後人言陟釐與側理相亂葢南人以海苔為紙其理縱橫邪側因以為名

東觀漢記曰和熹鄧后立時方國貢獻悉令禁絶歲時但供紙墨而已

李陽氷云紙常宜深藏篋笥勿令風日所侵若久露埃塵則枯燥難用矣攻書者宜謹之

古彈文白紙為重黃紙為輕故彈王源表云源官品應
黃紙臣輒奉白簡以聞矣
國史補云紙之妙者則越之剡藤苔牋蜀之麻面藤骨
金花長麻魚子十色牋雲陽州六合牋蒲州白薄重妙
臨川滑薄
唐韋陟書名如五朶雲每以綵牋為緘題時人譏其奢
縱
抱朴子曰吳之杪季有不知五經之名而饗儒官之祿

不關尺紙之寒暑而坐著作之地筆不注簡而受駮議之勞

千寶表曰臣前聊欲撰記古今怪異非常之事會聚散逸使自一貫博訪知古者片紙殘行事事各異又乏紙筆或書故紙詔荅云今賜紙二百枚

晉令諸作紙大紙一尺三分長一尺八分聽叅作廣一尺四寸小紙廣九寸五分長一尺四寸

石虎詔曰先帝君臨天下黄紙再定至於選舉于銓用

為允可依晉氏九班為准格

京邦記東宮臣上疏用白紙太子合用青紙

崔瑗與葛元甫書今送許子十卷貧不及素但以紙耳

徐邈與王珉書東宮臣既黄紙奉表于天朝則宜白紙上疏于儲宮或說白紙稱表吾謂無此體

山簡表臣父故侍中司徒濤奉先帝手筆青紙詔

二之造

漢初已有幡紙代簡成帝時有赫蹏書詔應劭曰赫蹏

薄小紙也至後漢和帝元興中常侍蔡倫剉故布及魚網樹皮而作之彌工如蒙恬以前已有筆之謂也又耒陽縣南有蔡倫故宅彼土人多能作紙又庾仲雍湘州記云應陽縣蔡子池南有石臼云是蔡倫舂紙臼也一云耒陽縣

黟歙間多良紙有凝霜於心之號復有長者可五十尺為一幅蓋歙民數日理其楮然後于長船中以浸之數十夫舉抄以抄之傍一夫以鼓而節之于是以大薰籠

周而焙之不上於牆壁也由是自首至尾勻薄如一

蜀中多以麻為紙有玉屑屑骨之號江浙間多以嫩竹為紙北土以桑皮為紙剡溪以藤為紙海人以苔為紙浙人以麥麴稻稈為之者脆薄焉以麥藁油藤紙為之者尤佳

漢末左伯字子邑又能為紙故蕭子良荅王僧虔書云子邑之紙妍妙輝光仲將之墨一點如漆伯英之筆窮神盡思妙物遠矣邈不可追仲將韋誕字也伯英張芝字

宋張永自造紙墨

蜀人造十色牋凡十幅為一榻每幅之尾必以竹夾夾和十色水逐榻以染當染之際棄置堆埋堆盈左右不勝其委頓逮乾則光彩相宣不可名也然逐幅于方版之上砑之則隱起花木麟鸞千狀萬態又以細布先以麵漿膠令勁挺隱出其文者謂之魚子牋又謂之羅牋今剡溪亦有焉亦有作敗麵糊和以五色以紙曳過令露濡流離可愛謂之流沙牋亦有煮皂莢子膏并巴豆

油傅於水面能點墨或丹青於上以薑揾之則散以狸鬚拂頭垢引之則聚然後畫之為人物砑之為雲霞及鷙鳥翎羽之狀繁縟可愛以紙布其上而受采焉必須虛牕幽室明槃淨水澄神慮而製之則臻其妙也近有江表僧于內庭造而進上御毫一灑光彩煥發

晉武賜張華側理紙已具敘事中本草云陟釐味甘大温無毒止心腹太寒温中消穀强胃氣止洩痢生江南池澤陶隱居云此即南人用作紙者唐本注云此物乃

水中苔今取為紙名為苔紙青黄色體澁小品方云水中麄苔也音陟釐釐與側黎相近側黎又與側理相近也又云即石髮也薛道衡詠苔紙云今來承玉管布字轉銀鉤

搨紙畫紙法見雜説門

永徽中定州僧修德欲寫華嚴經先以沉香漬水種楮樹俟其拱取之造紙

丹陽記江寧縣東十五里有紙官署齊高帝于此造紙之所也常造凝光紙賜王僧虔一云銀光紙

林邑記云九真俗書樹葉為紙

段成式在九江出意造紙名雲藍紙以贈溫飛卿

三之雜説

鄴中記石虎治書以五色紙著木鳳凰口中令銜之飛下端門

庾永興荅王羲之書曰得示連紙一丈致辭一千增其歎耳了無解往懷

江南偽主李氏常較舉人畢放牓日給會府紙一張可

長二丈闊二丈厚如繒帛數重令書合格人姓字每紙出則縫掖者相慶有望於成名也僕頃使江表覩今壞樓之上猶存千數幅

畫品云古畫尤重紙上者言紙得五百年絹得三百年方壞

紙投火中烟起尤損人令肺腑中有所傷坐客或云天下神祠中巫祝間少有肥者蓋紙錢烟常燻其鼻息故也

山居者常以紙為衣蓋遵釋氏云不衣蠶口衣者也然復不甚煖衣者不出十年黃面而氣促絕嗜欲之慮者宜浴蓋外風不入而內氣不出也

亦嘗聞造紙衣法每一百幅用胡桃乳香各一兩煑之不爾蒸之亦妙如蒸之即恒灑乳香等水令熱熟陰乾用箭幹橫卷而順蹙然患其補綴繁碎今黟歙中有人造紙衣段可如大門闔許近士大夫征行亦有衣之蓋利其拒風于凝沍之際焉陶隱居亦云武陵人作穀皮

衣甚堅好也

今江浙間有以嫩竹為紙如作密書無人敢拆發之盜

隨手便裂不復粘也

羊續字叔祖以清率下紙帷布被敗以紙糊補之時為

南陽守

在昔書契已還簡策作矣至于厥後或以縑帛蔡侯有

作方行於世近代以來陰陽卜祝通于幽冥者必斵紙

為幣以賂諸冥漢君每覩諸家元怪之語或有鬼祈于

人而求之者或有賂之而獲洪福者噫遊魂為變綿古而然漢室已前鬼何所資乎得非神不能自神而隨世之態乎唐末太學博士邱光庭亦有紙錢說文多不錄

杜陽編德宗廟有朱鳥來常噉玉屑聲甚清暢及為鷙鳥所搏宮人皆以金花牋寫多心經薦其冥福

張平子與崔子玉書云乃者朝賀明日讀太玄經玄曰百歲其興乎端力精思以揆其義使人難論陰陽之事足下累世窮道極微子孫必命世不絕且幅寫一通藏

之待能者幅寫者絹帛代紙以寫也

邢子才少在洛陽會天下無事專為山水之遊時人方之王粲荀文一出京師為之紙貴

陳後主常令八婦人襞綵牋製五言詩

魏收文襄令為檄梁文初夜執筆三更便成文過七紙

杜暹為婺州參軍秩滿將歸吏以紙萬張贈之暹惟受百幅人難之曰昔清吏受一大錢復何異

張仲舒在廣陵天雨絳羅牋紙紛紛甚駭非吉兆也

馬融與竇伯向書曰孟陵奴來賜書手跡歡喜何量次于面也書雖兩紙紙八行七字延篤荅張惟奐書曰惟別三年夢想言念何日有違伯英來惠書書盈四紙讀之反覆喜不可言

張奐與陰氏書曰舊念既密文章粲爛名實相副來讀周旋紙獘墨渝不離于手

羲之永和九年製蘭亭序乘樂興而書用蠶繭紙鼠鬚筆遒媚勁健絕代更無太宗後得之洎玉華宮大漸語

高宗曰吾有一事汝從之方展孝道高宗泣涕引耳而聽言得蘭亭序陪葬吾無恨矣

鄭虔為廣文博士學書病無紙知慈恩寺有柹葉數屋遂借僧房居止取紅葉學書歲久殆徧

歷代名畫記云背書畫勿令用熟紙背必皺起宜用白滑漫薄大幅生紙紙縫先避畫者人面及要節處若縫之相當則强急卷舒有損要令參差其縫則氣力均平太硬則强急太薄則失力絹素彩色不可擣理紙上白

畫可以砧石妥帖之仍候陰陽之氣調適秋為上時春為中時夏為下時暑濕之時不可也

歷代名畫記云江東地潤無塵人多精藝好事者常宜置宣紙百幅用法蠟之以備模寫古人好搨畫十得七八不失神彩筆蹟亦有御府搨本謂之官搨

搨紙法用江東花葉紙以柿油好酒浸一幅乃下鋪不浸者五幅上亦鋪五幅乃細卷而硾之候浸漬染着如一搨書畫若俯止水窺朗鑑之明徹也初舉子云宜賫入詞場以護試

紙逢他物所污

庾闡字仲初造揚都賦成其文偉麗時人相傳爭寫為之紙貴

漢成帝趙婕妤妬後宮有兒生八九日客持詔記封緑小篋與獄中婦人發篋裏有藥二枚赫蹏書曰告傳能努力飲此藥孟康曰赫蹏染黃素令赤而書之若今黃紙也劉展曰赫音鬩兄弟鬩于牆應劭曰赫蹏薄小紙也元有所說

本草拾遺云印紙剪取印處燒灰水服令人絶產

撫州有茶衫子紙蓋裹茶為名也其紙長連自有唐以來禮部每年給明經帖書見茶譜

藥品中有悶刀紙蓋裁紙之際一角疊在紙中匠人不知漏裁者醫人入藥用

孔温裕因直諫貶柳州司馬有鵲喜於庭兒孫拜之飛去墜下方寸紙上有補闕字未幾徵還果有此拜見因話録

資暇云松花牋代以為薛濤牋誤也松牋其來舊矣元

和之初薛濤尚斯色而好製小詩惜其幅大不欲長賸

乃命匠人狹小為之蜀中才子既以為便後減諸牋亦

如是特名曰薛濤牋今蜀中紙有小樣者皆是也非松

花一色

魏人誇邢劭云邢家小兒常作文表自買黃紙寫之而

送

司馬消難不知書書架上徒設空紙時人云黃紙五經

赤軸三史

蘇緯為人公正周文推心委任而無間或出遊常豫置空紙以授緯若須有處分則隨事施行及還啟知而已

南朝有士人朱詹家貧力學常吞紙療饑

令大寮書題上紙籤出于李趙公

唐初將相官告亦用銷金牋及金鳳紙書之餘皆魚牋花牋而已厥後李肇翰林志云凡賜與徵名宣索處分曰詔用白麻紙慰撫軍旅曰書用黃麻紙大清宮內道觀薦告辭文用青藤紙朱書謂之青辭諸陵薦告上衣

表内道觀文並用白藤紙凡赦書德音立后建儲大誅
討免拜三公命相命將並用白藤紙不用印雙日起草
隻日宣宰相使相官告並用色背綾金花紙節度使並
用白背綾金花紙命婦即金花羅紙吐蕃及贊普書及
别録用金花五色綾紙上白檀木真珠瑟瑟鈿函金鏁
鑰吐蕃宰相摩尼師已下書用五色麻紙南詔及青平
官書用黄麻紙
唐朝進士牓頭粘堅黄紙四張以氊筆淡墨衮轉書曰

禮部貢院四字或云文皇以飛白書或云象陰注之象

宣宗雅好文儒鄭鎬知貢舉忽以紅牋筆扎一名紙曰鄉貢進士李御名以賜之

孫放西寺銘曰長沙西寺層構傾頹謀欲建立其日有童子持紙花插地故寺東西相去十餘丈于是建剎正當紙花處

攝生者尤忌枕高宜枕紙二百幅每三日去一幅漸次取之迨至告盡則可不俟枕而寢也若如是則腦血不

減神光愈盛矣

神仙傳云李之章神仙人也蜀先主欲伐吳問之章乃求紙筆畫作兵馬數十手裂壞之又畫一大人又壞之先主出軍敗衂

戴祚甄異傳云王肇常在内宿晨起出外妻韓氏時尚未覺而奴子云郎索紙百幅韓視帳中見肇猶卧忽不復見後半歲肇亡

王琰冥祥記云元嘉八年蒲坂城中大笑火里中小屋

雖焚而于煨燼下得金經紙素如故

林邑記九真俗書樹葉為紙廣州記取穀樹皮熟搥堪為紙蓋蠻夷不蠶乃被之為褐也

釋迦佛為磨休王時剥皮為紙寫大乘經見筆譜

王羲之筆經云以麻紙裹柱根欲其體實得水不脹

搜神記益州西南有神祠自稱黃石公祈禱者持一百幅紙及筆墨放石室中則言吉凶

劉恂嶺表異録云廣管羅州多棧香樹身似柜柳其花

白而繁其葉如橘皮堪作紙名為香皮紙皮白色有文如魚子牋雷羅州義寧新會縣率多用之其紙慢而弱沾水即爛遠不及楮皮者

世説戴安道就范宣學所為范讀書亦讀書范抄紙亦抄紙

四之辭賦

傅咸紙賦

蓋世有質文則理有損益故禮隨時變而器與事易既

作契以代結繩兮又造紙而當策夫其為物厥美可珍
廉方有則體潔性真含章藴藻實好斯文取彼之淑以
為己新攬之則舒捨之則卷可屈可伸能幽能顯

梁江洪為傅建康詠紅箋詩

雜采何足奇惟紅偏可作灼爍類蕖開輕明似霞破鏤
質卷芳脂裁花承百和去聲不遇情牽人豈入風流座

後梁宣帝詠紙詩

皎白猶霜雪方正若聯基宣情且記事寧同魚網時

薛道衡咏苔紙詩

昔時應春色引渌泛清流今來承玉管布字改銀鈎

劉孝威謝賚官紙啟

雖復鄴殿鳳銜漢朝魚網平准桃花中宫穀樹固以慙兹靡滑謝此鮮光

韋莊乞彩牋歌

浣花溪上如花客緑濶紅藏人不識留得溪頭瑟瑟波潑成紙上猩猩色手把金刀裁綵雲有時剪破秋天碧

不使紅霓段段飛一時驅上丹霞壁蜀客才多染不供
卓文醉後開無力孔雀啣來向日飛翩翩壓折黄金翼
我有歌詩一千首磨礱山岳羅星斗開卷長疑雷電驚
揮毫只怕龍蛇走班班布在詩人口滿軸松花都未有
人間無處買烟霞須知得自神仙手也知價重連城璧
一紙萬金猶不惜薛濤昨夜夢中來慇懃勸向君邊覓

僧齊己謝人贈碁子綵箋詩

陵州碁子浣花箋深愧携來自錦川海蚌琢成星落落

吳綾隱出雁翩翩留防桂苑題詩客惜寄桃源敵手仙
棒受不堪思出處七千餘里劍門前

舒元輿悲剡溪古藤文

剡溪上綿四五百里多古藤株枿逼土雖春入土脈他
植發活獨古藤氣候不覺絶盡生意予以為本乎地者
春到必動此藤亦本乎地方春且死色悶溪上人有道
者言溪中多紙工刀斧斬伐無時劈剥皮肌以給其業
噫藤雖植物者温而榮寒而枯養而生殘而死亦將似

有命于天地間今為紙工斬伐不得發生是天地氣力為人中傷致一物疾癘之若此異日過數十百郡洎東洛西雍歷見書文者皆以剡紙相夸予竊嚢見剡藤之死職止由此此過固不在紙工且今九牧士人自專言能見文章户牖者其數與麻竹相多聽其語其自安重皆不曾握驪龍珠雖苟有曉寤者其倫甚寡不勝衆者亦皆斂手無語勝衆者果自謂天下文章歸我遂輕傲聖人道使周南召南風骨折入于柳揚黄花中言偃卜

子夏文學陷入于淫靡放蕩中比肩握管動盈數千百人數千百人筆下動成數千萬言不知其為謬誤日日以縱自然残藤命易其夭葉波波頹沓未見止息如此則綺文妄言輩誰非書剡紙者耶紙工嗜利曉夜斬藤以鬻之雖舉天下為剡溪猶不足以給況一剡溪者耶以此恐後之日不復有藤生于剡矣大抵人間費用苟得著其理則不枉之道在則暴耗之過莫有横及于物物之資人亦有其時時其斬伐不謂夭閼予謂今之錯

為之文者皆夭閼剡溪藤之流也藤生有涯而錯為文者無涯無涯之損物不直于剡藤而已予所以取剡藤以寄其悲

周朴謝友人惠箋紙并筆

范陽從事獨想憐見惠霜毫與彩箋三副縈纏秋月兔
五般方剪蜀江烟霄微覺有文通夢日習懸無子諒篇
欲著不將兩處用歸山間向墨池前

段成式與溫庭筠雲藍紙絶句并序

一日辱飛卿九寸小紙兩行親書云要采箋十番録少
詩為予有襍箋數角多抽揀與人既玩之輕明復用殊
麻滑尚愧大庾所得猶至四百枚豈及右軍不節盡付
九萬幅因知碧腦棋上重疊懊惱之辭紅方絮中更擬
相思之曲固應桑根作本藤角為封古拙不重蔡侯新
樣偏饒桓氏何啻奔墨馳騁有貴長簾下筆縱橫偏求
側理所恨無色如鴨卵狀如馬肝稱寫璇璣且題裂綿
者予在九江出意造雲藍紙既乏左伯之法全無張永

之功輙分五十枚并絶句一首或得閒中暫當藥餌也
三十六鱗充使時數沓尤得寄相思待將袍襖重抄了
盡寫襄陽播掿詞

文嵩好畤侯楮知白傳

楮知白字守元華陰人也其先隱居商山人百花谷因
谷氏焉幼知文多為高士之首冠自以村散不仕殷太
戊失德于時與其友桒同生入朝直諫拱于庭七日太
戊納其諫而取德以致聖敬日躋因賜邑于楮其後遂

為褚氏二十二代祖支因後漢和帝元興中下詔徵巖穴隱逸舉賢良方正之士中常侍蔡倫搜訪得之于來陽貢于天子天子以其明白方正舒卷平直詩所謂周道如砥其直如矢者也用遣史官以代簡冊尋拜治書侍御史奉職勤恪功業昭著帝用嘉之封好畤侯其子孫世修厥職累代襲爵不絕博好藏書尤能偏善自來文籍以洎經誥典策及釋道百氏之書無不載之素幅遇其人則舒而示之不遇其人則卷而懷之終不自矜

其該博晉宋之世每文人有一篇一詠出于人口者必求之繕寫于是京師聲價彌高皆以文章貴達歷齊梁陳隋以至今朝廷益甚見用知白為人好薦賢汲善能染翰墨與人鋪舒行藏申寃雪恥呈才述志啓白公卿台輔以至達于天子未嘗有所難阻隱蔽歷落布在腹心何衹于八行者歟知白家世自漢朝迄今千餘載奉嗣世官功業隆盛簿籍圖書布于天下所謂日用而不知也知白以為不失先人之職未嘗輙伐其功與宣城

毛元銳燕人易元光南越石虛中為相須之友每所歷任未嘗不同知白自國子受牒補主簿直弘文館為書吏所賂因潤而墜之當軸素知廉潔憐而不問他日方戒而用之是以其道益光曾無背面累遷中書舍人史館修撰直筆之下善惡無隱明天子御宇海內無事志于經籍特命刋校集賢御書書成奏之天子執卷躬覽嘉賞不已因是得親御案乃復嗣爵好畤侯

史臣曰春秋有楮師氏為衛大夫乃中國之華族也好

時侯楮氏益上古山林隱逸之士莫知其本出然而功業昭宣其族大盛為天下所用利矣世世封侯爵食不亦宜乎

文房四譜卷五

總校官進士臣程嘉謨

校對官中書臣盧遂

謄錄監生臣王宫

圖書在版編目（CIP）數據

文房四譜 / (宋) 蘇易簡撰. — 北京：中國書店, 2018.2
ISBN 978-7-5149-1886-1

Ⅰ. ①文… Ⅱ. ①蘇… Ⅲ. ①文化用品 – 研究 – 中國 – 古代 Ⅳ. ①K875.44

中國版本圖書館CIP數據核字(2017)第316371號

四庫全書·譜録類

文房四譜

作者 宋·蘇易簡撰
出版發行 中國書店
地址 北京市西城區琉璃廠東街一一五號
郵編 一〇〇〇五〇
印刷 山東汶上新華印刷有限公司
開本 730毫米×1130毫米 1/16
印張 15.5
版次 二〇一八年二月第一版第一次印刷
書號 ISBN 978-7-5149-1886-1
定價 五六 元